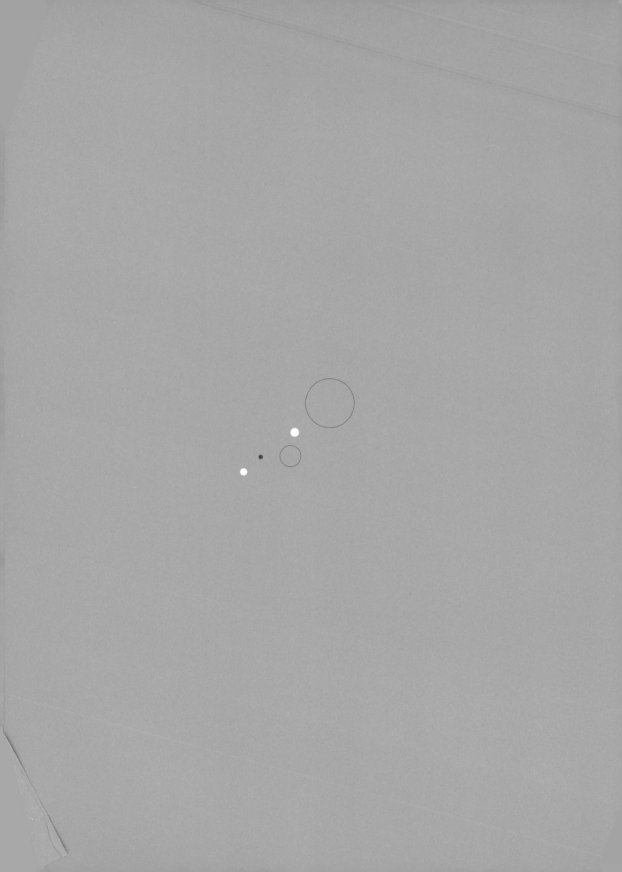

紫微攻略3 下集

星曜
我們與真實自己的距離

史上最強星曜解盤！
對宮為明鏡，透視深層人性

大耕老師 著

目錄

第五章／子女宮——家與未來的期待

第六章／財帛宮——財富的來源與使用

第七章／

疾厄宮——承載我們度過風浪的人生寶船

目錄

第八章／遷移宮——面具與面具下的世界

目錄

第九章／

僕役宮——出外靠朋友，後天給的幫手

第十章／

官祿宮——人生重心所在，日常價值的追求

第十一章／

田宅宮——家是最後的港口

目錄

第十二章／福德宮——靈魂之所在

目錄

第五章

子女宮——家與未來的期待

子女宮，顧名思義，跟子女有關係的都會看這個宮位，包含教養孩子、對子孫的期待，以及性生活的態度。此外，還代表了很重要的財庫，會不會有錢總是留不住的問題。

關於財庫，子女宮跟田宅宮都有財庫的意思，因為是本命盤的解釋，所以被視為存錢的觀念，以及對家人的付出態度。至於真正出現所謂的破財狀態，還是在運限盤比較清楚。簡單來說，當有煞星出現在裡面，就容易有財庫破損、錢不易存的情況。

關於性生活的態度，從本命盤上來說，也可以視為在性生活上是個怎樣的人（對應命宮的解釋），例如「紫微、七殺」同宮，就可以解釋為在性生活上希望有主導權；「太陰、天同」同宮，則是隨和且配合度高，大家可以對應上集關於命宮的解釋。

至於常被人提及的是否會有小孩，以及會生幾個、生男生女、孩子以後是個怎樣的人、孝不孝順等問題，我們需考量，在這個年代有許多幫助生育與幫助不生的方法，所以從命盤上來看這件事，基本上準確度並不高，更別說本命盤只代表天生的價值跟個性。此外，子女宮不能一概而論的問題還有諸如：夫妻兩人的子女宮不同，孩子到底孝不孝順？會生幾個孩子？要以父親還是母親的命盤為主呢？或是以子女宮看待第二段婚姻，也是荒謬的事。首先，古代跟現代對於婚姻的觀念不同。再者，如果這個人嫁了五次呢？難道第五次婚姻就要看遷移宮嗎？之所以會有這樣的說法，其實是因為許多人不了解本命盤是用來看天生的價值觀跟個性，事件的發生與現象則需要看運限盤。子女宮通常是人的第四大限，恰恰可能是再婚的時間點，才會有這樣的訛傳。其實這種看法相當不準確，如同我們常開玩笑說的，現在的命理師有一半準度就可以開業了，看到女人一律說拿過小孩，沒拿過的說是避孕避掉的，幾乎都會命中，若沒命中，再隨便套上一些術語也能唬弄過去。

那麼，為何可以從本命盤的子女宮看出自己會有怎樣的小孩呢？絕大多數原因是自己教養孩子的態度，加上傳統社會環境單純，很容易導向這樣的說法。這就是現代人說的言教不如身教，例如自己對孩子惡言暴力，自然灌輸給孩子這是一種解決事情的方法，最後導致他變成這樣的人。以及，是否先天無法生育和何時生育的問題。先天的部分在這個年代容易被解決，何時生育則需要看運限盤。所以，子女宮的部分，我們專注在一般人較重視的親子關係的解釋，至於夫妻兩人的子女宮不同這個問題，其實夫妻倆對孩子的教養態度本來就會不同，實務上的應用更是可以透過對命盤的了解，選擇夫妻兩人誰對孩子的教養比較有幫助，而由那個人來主導親子教育，這對於親子關係以及孩子的教育幫助相當大。至於每個孩子的個性，在紫微斗數中有專門的推算方法，因為方法複雜，在此我們就不多著墨，未來有機會出專書介紹。

一 紫微星 找不到孝子就由自己孝順兒子吧

許多人誤以為紫微在子女宮，會生出像皇帝一樣尊貴的小孩，其實不然。那是因為自己很重視孩子，自然容易把孩子養成小皇帝。雖然有滿滿的愛，對孩子非常好，但是也相對地容易給與不良示範。孩子是否可以順利被教育成自己心目中的氣質與能力，需要看紫微所在宮位的三方四正內是否有足夠的吉星，如同每一個星曜都要對應宮位來產生解釋，並且得看對宮來找出內心的期待。

1. 紫微對宮為貪狼

通常大家對於紫微在子女宮的認識與解釋來自於紫微單星，對宮是貪狼，所以重視孩子，並且給與關愛跟寵愛，甚至是溺愛。這源自於對宮貪狼的心理態度，如同貪狼在遷移宮的人會對身邊的人都相當和善，這一組合會希望孩子可以成為人中龍鳳，但是如果沒有足夠的吉星（能力與資源），就會變成單純地寵溺小孩，若再加上煞、忌，當然就會變成對孩子既要求又寵愛，這是親子教育的大忌。

2. 紫微、七殺同宮

紫微雙星的各種組合中，「紫微、七殺」算是比較不會寵溺小孩的一組。對孩子的要求高，希望孩子可以依照自己的目標去努力（對宮為天府，重視務實的掌控），優點是通常小孩能力很好，缺點是如果煞、忌太多，可能會跟孩子不親密。

3. 紫微、破軍同宮

「紫微、破軍」則是重視多元化教育，並且給與孩子很多空間，容易教育出聰明有想法跟領導能力的孩子，但是給與空間跟放縱是一線之隔，關鍵就在於是否遇到煞、忌，以及有沒有紫微喜歡的吉星出現。

4. 紫微、貪狼同宮

「紫微、貪狼」在子女宮，對宮是空宮，這個組合絕對是最平易近人的好父母，也最懂得跟孩子相處，通常孩子跟自己的感情會很不錯，但是一樣需要注意不能遇到煞、忌以及貪狼化祿，否則容易太過寵愛。小時候還好，長大後孩子會變得不容易管教。

5. 紫微、天相同宮

「紫微、天相」的組合，雖然紫微星重視孩子的教育跟品德，但也重視孩子的人際關係，因此會注重孩子的外表打扮，同樣地，如果遇到煞、忌，則會因為要求太多反而讓孩子長大後與自己不親近。

6. 紫微、天府同宮

「紫微、天府」的組合，對宮七殺表示自己對於孩子有迫切期待，「紫微、天府」是面子裡子都要的企圖心，往往增加親子關係的緊張感，如果加上祿存幫助天府星，或三方四正有吉星增加紫微的力量，或許狀況會好一點。這個組合也會造成晚年才生子（因為期待很大，需要一切準備好才生）。

紫微星在本命子女宮的小練習

本命盤子女宮是我們對下一代的態度，在現代人因為生活環境問題通常少子的情況下，飼養寵物也可以用子女宮來看待。請問哪一個紫微星的組合在養寵物的時候，很容易把寵物訓練得非常有教養，很乖巧？

解答／

在不考慮其他吉星與四化的情況下，若單純討論星曜組合，「紫微、七殺」這個重視自己掌控力的紫微星系，當然會把寵物教導得很好，也就是所謂棒下出孝子。此外，「紫微、天相」這個重視面子的皇帝，當然不會讓自己的寵物成為一隻迅猛龍，應該也會把寵物教得很好。

二●○天府星 為家裡帶來好運的孩子

天府是財庫星，但是要加上祿存才算財庫。傳統算命說，有了孩子，事業才能穩定、存到錢，說的大概就是子女宮有天府星的人（有時候太陰星在子女宮也會做此解釋），原因在於，天府是財庫星，對應子女宮、田宅宮這兩個財庫宮位，當然很適合放在裡面，即使天府需要有祿存才能成為財庫，沒有遇到祿存的天府在子女宮、田宅宮內也很不錯，因為祿存總會出現，本命沒有、運限也會有。

而本命盤說的是態度，自己對於存錢積蓄的觀念有天府這樣務實、懂得策畫的星曜存在，當然是相當好的一件事。當這樣的人有了孩子，對待子女的態度相當務實，希望他未來可以如王爺一般有能力、有機會、有氣度，這樣的心態自然會讓更加引發原本就具備的儲備資產能力，以及對家人的照顧，並且會在工作投資上更加謹慎，不會如紫微星一樣，想得很多卻不一定能夠務實做到。例如，會買自己能力根本負擔不起，但是很有名且很貴的美語教材，當然就會幫自己少去許多的工作與投資風險、增加財富。這也就是這個星曜出現在子女宮時，會被稱為生了孩子之後會更好的原因。

這樣務實地重視孩子能力跟教養，以及未來發展的親子態度，是天府在子女宮的人子孫通常都不錯的主要原因，這樣的態度也適合各類星曜在子女宮的父母多做學習（了解自己的缺點，直接學習跟改善，就是一種改運的方式）。如果我們知道天府在子女宮的人，為何可以因為孩子而讓自己改變，即使自己的子女宮沒有天府，也可以比照辦理。若天府在子女宮，也可以依照對宮的雙星組合，找出對子孫期待的態度。

1.／天府對宮為武曲、七殺

對宮是「武曲、七殺」這組，通常會重視孩子的個性跟基本能力，是不是能夠因此得子而富貴，或是孩子可以有很好的成就，倒是其次，通常都是願意為孩子付出許多，尤其是金錢方面。

2. 天府對宮為廉貞、七殺

「廉貞、七殺」這一組，則重視孩子的人際關係表現跟是否聰明伶俐，但是這個組合的孩子，也會因為父母的教養態度如此，從小就比較會看人眼色，並且習慣用小聰明解決問題。若是遇到太多煞、忌，則表示因為自己的教育問題導致孩子可能比較不聽話。

3. 天府對宮為紫微、七殺

「紫微、七殺」則是最重視孩子教育跟能力的一組，會期待孩子可以成為人中龍鳳，但是相對於「紫微、七殺」在子女宮，對孩子的掌控度強大，這個掌控只有在內心，態度上還是務實而大方的天府。

總體來說，天府在子女宮，因為天府善於謀略與計畫的個性特質，加上相對有遠見的態度，教養出來的孩子能力通常不會太差，只是因為對宮七殺的影響，加上孩子有能力通常表示不需要在父母身邊，因此天府在子女宮，也會有孩子容易往外發展事業的機會。除了對面「武曲、七殺」那一組，因為務實的態度，所以會期待孩子可以子承父業之外，其他組合雖然孩子都算孝順，但是一樣容易因為自己事業繁忙，比較無法圍繞在身邊。

天府星在本命子女宮的小練習

三個天府星獨坐在子女宮的組合，哪一個最有可能將孩子送到國外發展呢？

解答／

「紫微、七殺」這個組合，在對待孩子的態度上，會希望他能高人一等，所以在能力許可情況下，相對容易期待孩子可以出國發展。

三 ●○ 天機星
聰明孝順但是難以捉摸的孩子

天機星是個聰明、邏輯好而善變的星曜，所以天機星在子女宮，通常我們會重視孩子的邏輯思考能力，期待孩子可以聰明伶俐，但是聰明伶俐的孩子通常也都善變，不好控制。遇到煞、忌影響，自己教導孩子的時候，也會是那種常常讓孩子無法了解的狀態，自然會養成他容易變動、見風轉舵的個性，不過這當然還是要細看天機星的組合。天機星單星的最符合上面說的情況，並且從對宮可以找到他對孩子的期待。

1. 天機對宮為太陰

對面是太陰星，如果太陰是旺位，則對孩子的態度細膩溫柔；如果是落陷位，雖然也一樣細膩溫柔，但是就會少了月光的溫暖，取而代之的是陰晴不定，這也會讓孩子情感上容易變得很敏感，若再遇到煞、忌，就會更加重這樣的情況。

2.／天機對宮為天梁

對宮是天梁，則是用教育邏輯跟成熟的態度照顧孩子，該放手的時候放手，容易讓孩子有較為早熟獨立的個性，當然也容易出現孩子成年後不在身邊的情況。

3.／天機對宮為巨門

對面是巨門，則內心對孩子有著期待與不安，但是這個組合必然命宮是天府，遷移宮為「武曲、七殺」，個性做事有計畫而務實，加上巨門的情況需視太陽是否在旺位，太陽在旺位則這個組合的孩子通常聰明，心思細膩，並且個性成熟，這來自巨門的不安全感導致在教養上，重視孩子的心靈跟思考能力，深怕孩子會不夠好的心態，也會注重孩子要能夠成熟有思慮的能力。若是太陽在落陷位，則上述的情況依然會有，只是對於孩子的要求會在無形中因為不安全感而加重，小孩就容易變成習慣猜測別人的心思，反而將自己的想法藏起來，容易變成安靜的孩子。

4.／天機、天梁同宮

雙星的組合裡，「天機、天梁」這個組合，重視孩子的思慮跟教育，但是也相對地變得小心翼翼與過度保護。

5.／天機、太陰同宮

「天機、太陰」這個組合，如果是女生，算是對孩子相當有辦法，聰明有愛心，也很能跟孩子溝通。

6.／天機、巨門同宮

「天機、巨門」這個組合當然要看太陽的旺、落位置，太陽在旺位，則小孩聰明活潑，學業能力不錯；如果太陽在落陷位，則一樣聰明，但是因為受到黑暗的巨門影響，會相對安靜。

••••

當然這都是來自於自己對子女宮的態度，影響了孩子的心靈跟個性發展。天機的雙星組合對宮都是空宮，天機星是善變的星曜，所以空宮需要注意是否有煞星進去，有煞星則會對上述的特質產生影響。擎羊、火星會急迫地想做到上述的教養方式，鈴星則會更增加了細心的特性，陀羅則是常常感到不安，心想自己是不是做得不夠好，反而讓孩子不知所措。如果是昌、曲在裡面，也容易在親子關係中投入太多情感，可能適得其反。如果上面的四煞星跟昌、曲在子女宮但是是空宮，對宮才是天機星組合，則情況會更加明顯及嚴重。

最後一點，因為本命盤的子女宮在傳統的觀念上，也代表女性的生殖能力，因此天機組合在子女宮的女生，尤其是「天機、太陰」這一組，無論單星或雙星，在希望懷孕的情況下，都需要照顧好身體。

天機星在本命子女宮小練習

天機星在子女宮的特質，在於希望孩子聰明伶俐，但是聰明伶俐的孩子通常比較有自己的想法思維，所以也比較不容易留在自己身邊。請問天機星哪個組合裡，孩子在成年後可能留在身邊？

解答：

「天機、太陰」在申的這個位置，太陰為旺位，在沒有煞、忌的情況下，自己對孩子的照顧相當付出，因此親子感情通常相當好，孩子也會保有較為親暱的關係，因此就算分隔兩地，也會常常問候。

四 太陽星 活潑熱情好孩子

太陽的重點在於是否在旺位，在旺位的太陽會較落陷位的太陽更有自信。太陽是制訂規則的人，所以在對待親子關係上會展現這樣的態度，希望孩子可以具備太陽星的特質，也會這樣教導小孩，希望他們能有正義感，明辨是非，擁有領導特質。落陷位的太陽也會具備一樣的心情，只是往往容易心有餘而力不足。因此，太陽在子女宮，如果三方四正還遇上化科、化祿、化權，可能在親子教養上會因為過於重視孩子的學業跟能力，以及希望小孩符合自己的期待，反而造成親子關係有問題。我們無法一方面期待孩子有獨立自主的能力，一方面又希望他可以順從自己。

太陽星的組合中，雙星的部分都是空宮，需要注意的是空宮借了對宮之後會讓太陽的旺弱改變。

圖三十一／

太陽太陰借對宮後，旺位與落陷位改變

巳	午	太陽太陰 太陽旺位 未	申
辰			酉
卯			戌
寅	太陽太陰 太陽落陷位 丑	子	亥

1.／太陽、太陰同宮

如果子女宮是「太陽、太陰」，而太陽在旺位，表示對孩子具備了太陽的權威又不失太陰的溫柔。借星曜到對宮，太陽從旺位轉成落陷位，對於親子關係，內心常常反覆糾結。如果是子女宮的太陽在落陷位，則需要擔心在太陽跟太陰之間的轉換，會讓孩子感覺到自己的性格陰晴不定，借過去對宮太陽轉成旺位，外顯出來的卻是一個開明的父母樣子，這樣的狀況，如果加上煞、忌會更明顯，孩子的個性容易變得文靜，因為他需要多觀察所處的世界，才知道該如何應變。如果空宮在子女宮，對宮「太陽、太陰」，子女宮借了星曜過來同樣需要注意太陽星的旺、落問題。空宮借星的觀念，容易讓初學者搞混，尤其是在太陽星上，建議直接將星曜寫在盤上。

2. 太陽、天梁同宮

如果是「太陽、天梁」這一組，因為有天梁在，所以太陽的個性無論在旺還是落陷，都會因為天梁的影響趨於平穩，所以旺、落陷之間僅僅會有能力問題，是否強勢主導事情，僅有一點點差異。

3. 太陽對宮為太陰

太陽星獨坐的時候，對孩子的期待與照顧的方式，以對宮星曜來看。對宮是太陰時，會希望孩子個性格獨立，並且有能力照顧眾人，堅強面對困難，但是內心有溫柔的一面。

4. 太陽對宮為巨門

對宮是巨門的，當太陽是旺位，總是可以很有魅力地在家人或孩子面前主導一切，也會深覺孩子要有這樣的人生價值，所以孩子相對地熱情且能言善道；如果在落陷位，則不會要求一定要讓眾人將目光放在自己身上，即便內心如此期待，所以教養出來的孩子也會較為安靜沉穩。

5.／太陽對宮為天梁

太陽對宮是天梁，孩子的個性成熟穩重、可以被期待，在親子的教育上，會重視孩子的個性穩定度，以及善良幫助人。

太陽星在本命子女宮小練習

有一種說法，子女宮內的星曜屬性可以判斷出會生男孩是生女孩，星曜屬陽生男，屬陰生女，請問太陽星在子女宮應該會生男孩是生女？

解答／

太陽星屬陽火，所以照傳統的說法應該是生男，但是這個論法其實還有一些條件，首先，本命盤只論頭胎，其他要看運限盤。再者，雖然每個星曜都可以這樣用，但是太陽跟太陰同宮的時候要看旺、落，如果太陰旺則是女生，最後生男、生女是看爸爸的命盤，不是看媽媽的。但是筆者用不用這個方法呢？其實這個方法在現代來說準度不高，因為生男生女的狀況，在古代沒有太多的外力介入，但現在不是，到底在保險套裡面的那個算不算第一胎？受環境賀爾蒙影響的呢？

五 太陰星 細膩體貼心思多的孝順孩子

太陰的力量來自太陽，並且是一個具備傳統母親特質的星曜，因此太陰在子女宮通常被解釋為孩子孝順，跟父母感情不錯。但是太陰星具備的諸多細膩感情、照顧家等等特性，即使一樣孝順的孩子也會有不同的個性特質。

太陰雙星的時候，需要跟太陽一樣注意旺、落，但是還好相對太陽來說，太陰比較不受落陷影響，畢竟太陽無光便整個昏天暗地，月亮無光除了少點浪漫多點驚慌，誤差不會太大，所以當太陰星在旺位的時候，太陰充滿母性光輝。

1.／太陰、天同同宮

「太陰、天同」可以想成對孩子的溫柔照顧以及寵愛放縱。這一組因為教育態度如此，有時候反而教出了個性成熟的孩子，因為媽媽太天真，孩子要獨立。

2.／太陰、天機同宮

「太陰、天機」則是個溫柔聰明且重視孩子教育跟思考的媽媽，這樣的態度當然會讓孩子也受到如此的教育方式影響。

3.／太陰對宮為太陽

太陰單星的時候，我們可以較簡單地把對宮星曜看成媽媽內心的期待。對宮是太陽，雖然對待孩子親密溫柔，內心卻希望孩子可以獨立堅強，如果太陽在落陷位，容易變成親子態度跟期待衝突，如果加上煞、忌，在面對親子關係時，需要一點學習跟態度的轉換。

4.／太陰對宮為天機

對宮是天機的媽媽，很類似「天機、太陰」同宮，只是會更加注重孩子的思考能力，重視孩子的教育，常常對孩子的功課能力心急如焚，當然也就不適合遇到煞、忌了，如此的親子關係容易變成彼此相愛卻又不自覺傷害。

5.／太陰對宮為天同

太陰對宮是天同，在沒有煞、忌干擾的情況下，應該會是感情最好的一組，溫柔的媽媽體貼又有耐心，而且天同在對宮只是內心天真，不至於過度純真而讓孩子感覺自己需要照顧媽媽。

太陰星在本命子女宮小練習

太陰星有外表柔順、動作緩慢、內心急躁的特質，哪一個組合的太陰星在子女宮，會讓孩子覺得媽媽很難搞？

解答／

排除「太陽、太陰」同宮與「天機、太陰」同宮的組合，因為是以太陽或天機為主，不算在太陰星系。天機、太陰對拱這組，內心是天機，雖然教養上的聰明邏輯保證可以戰勝孩子，但需要面對天機、太陰同時出現化忌，以及遇到煞星的機率高出很多，一旦遇到煞、忌，就會變成過度要求，以及規則態度隨時變換，讓孩子無所適從，因此這一組的機會最高。

六 天同星
乖巧善良圍繞身邊永遠的寶貝

天同這樣善良的星曜，在子女宮也會解釋成子女孝順乖巧，因為父母對待孩子的態度、對家的態度（子女宮是田宅的對宮，內心的想法）也是如天同一般和善、樂觀、好相處，在滿滿的愛包圍下，孩子的個性也會受到感染，自然會在成年後也如此對待家人。

1. 天同、巨門同宮

天同的雙星中，「天同、巨門」那一組會因為受到巨門影響，情感上出現糾結任性的問題，因此讓孩子覺得自己管教過多，所以不適合再遇到化權跟煞、忌，這樣的情況就會需要擔心親子關係，甚至影響家庭。

2. 天同、天梁同宮

「天同、天梁」的組合，算是相當不錯，天真之中帶著成熟的智慧，只要不要遇到太多煞、忌，基本上親子關係很好，雖然成年之後孩子容易離開身邊，但是感情依然不錯。

3. 天同對宮為太陰

單星的天同，依照對宮星曜來看。對宮為太陰，只要不要遇到化權，而有任性跟管太多的問題，絕對是好父母，細心溫柔善良、重視教育卻不會給與壓力，當然如果太陰在落陷位，會有寵溺孩子，疏於管教的小問題。

4. 天同對宮為巨門

對宮如果是巨門，對待孩子會有隱隱的迫切感，表面看起來很和善，內心卻有著許多期待，這個時候如果太陽在落陷位，不安全感提升，反而會是表面上跟孩子很好，但是內心疏遠，當然也就不適合遇到煞、忌出現。

5. 天同對宮為天梁

對宮是天梁的組合，因為天梁星的關係，當然也是一個了解孩子，可以把孩子教得很好的父母，重視教育並且和善對待，成熟地處理親子問題，也容易培養出孩子成熟且和善的人格特質。

傳統上有個說法很特別，天同星遇到了煞、忌，可能生出有問題的小孩，這觀念來自於天同是少數會圍繞在父母身邊的星曜，天同在子女宮會被說成是承歡膝下的典範，但是有煞忌則表示孩子會讓自己擔心，表示孩子有問題，導致他不會離開，一直是個麻煩這樣的說法。對此，我們先釐清一件事，天同本身其實並不化忌（目前常見的天同化忌，其實是明朝晚年後因戰亂導致資料錯誤），雙星中「太陰、天同」是以太陰為主，「天同、天梁」的天梁也不化忌，所以此說法中的煞忌應該是來自「天同、巨門」這組以及單星天同的對宮星曜。再者，宮位被破壞至少需要三個以上的煞、忌，而實際上天同若真的承歡膝下、離不開父母，則必須天同有化祿，並且不在四馬地，所以唯一可能只有「天同、巨門」組合以及天同、太陰對拱，加上煞、忌超過三個以上，並且懷孕的當下大限子女宮、福德宮有問題，才會出現這樣的情況。而且現在醫療發達，這種情況通常會被篩選掉，因此也不用太害怕。

天同星在本命子女宮小練習

一般來說，天同星雖然在子女宮是指會有孝順的孩子，但也容易因為溺愛跟感情好而被養成媽寶，請問以下哪一組把孩子養成媽寶的機會最高？

A. 巨門化權、天同化祿同宮
B. 巨門化祿、天同化權同宮
C. 太陰化權、天同化祿同宮

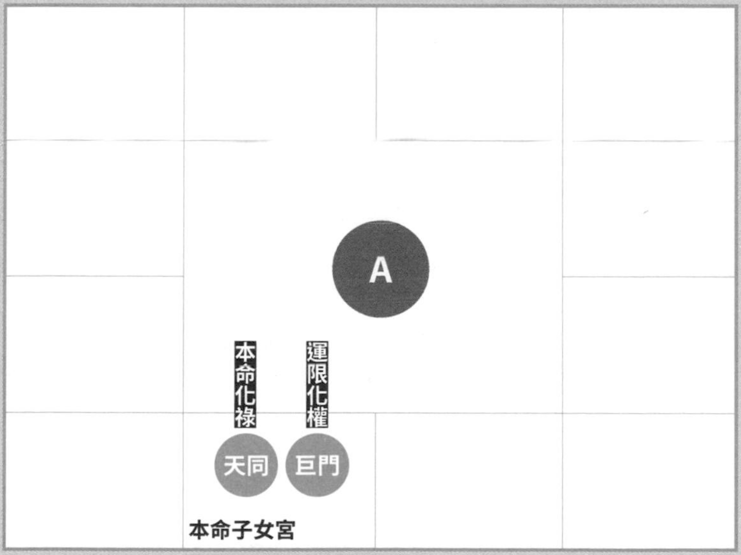

本命盤雙星的四化不會同時出現在這樣的組合，這是考慮在真實孩子出生後教養的運限四化進去影響本命盤。

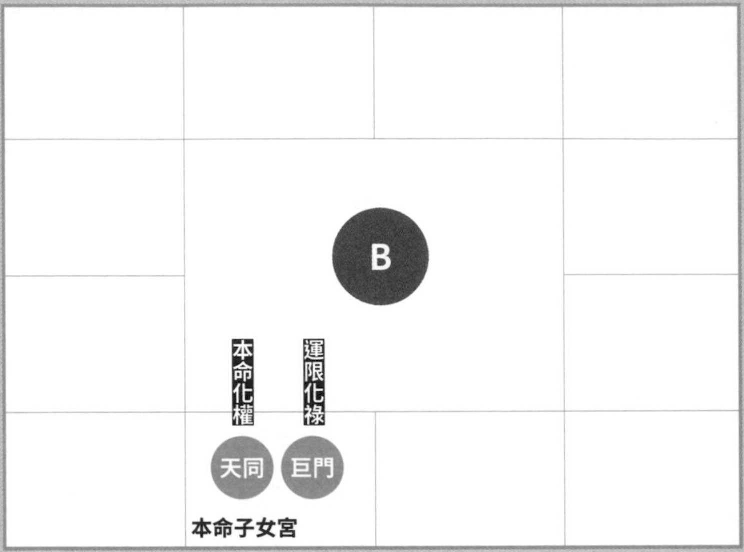

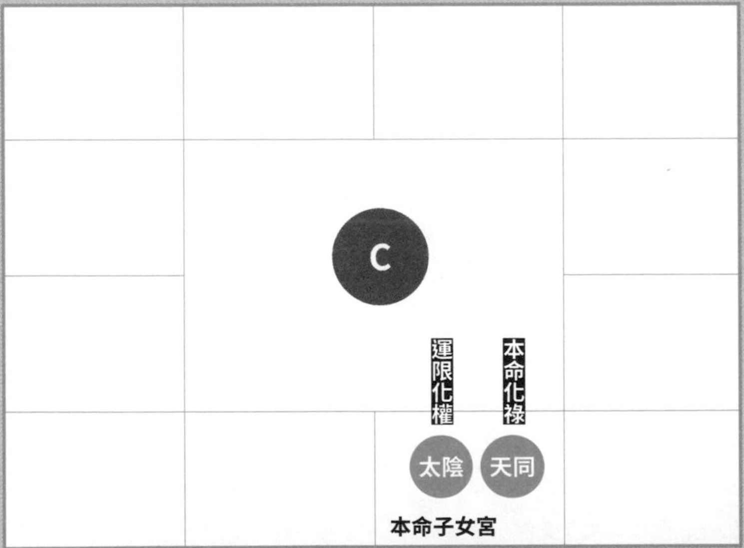

本命盤雙星的四化不會同時出現在這樣的組合，這是考慮在真實孩子出生後教養的運限四化進去影響本命盤。

解答／

B。這一組很會說話，很會管控，但是情緒又任性，很容易讓孩子學著順從，並且習慣聽話。

七 ●○ 天梁星 成熟穩重不讓人操心的小大人

這是一個成熟穩重的老人星曜，因此天梁在子女宮也是頗受稱讚的組合，會耐心照顧孩子，並且重視他們的學習以及思考能力，通常教養出來的孩子都算得上聰明得人疼愛，只要天梁不化權，親子關係都很好。至於化權的天梁，則孩子本身能力很好，但是親子關係有點疏離，彼此覺得對方太囉嗦，至於細節上對應對宮的星曜則會有些許差異。

1.／天梁對宮為太陽

對宮是太陽，需要看太陽是旺位還是落陷位。旺位的太陽，會給與十足的照顧，並且讓孩子對人生產生熱情跟活力，若太陽是落陷位，則面對親子教育會有心有餘而力不足的情況，如果再加上化忌，反而會變成自己的期待與能力有落差，造成孩子雖然個性成熟，卻跟自己感情疏離。

2. 天梁對宮為天同

對宮如果是天同，因為天同的存在，天梁星因化權而讓人感覺囉嗦的情況會減緩一點。但如果天同星化權，也會讓人感覺任性，甚至倚老賣老。除此之外，因為這兩個星曜都會化祿，因此算是不錯的組合，只是長大後聰明的孩子容易離開身邊，但是感情依舊不差。

3. 天梁對宮為天機

對宮是天機的這一組，因為本命盤牽涉骨盆問題，所以如果遇到煞、忌，並且是女生，懷孕生孩子的時候通常會有比較多的病痛，需要一生調養身體。這一組也是變動的組合，如果遇到煞、忌，對於孩子的教養態度容易養成孩子聰明卻難帶的情況。另外，天梁星為老天給與、上天庇佑的概念，所以當子女宮有天梁星的時候，很高的機率顯示孩子是跟神明求來的（各國的神明都算數），很特別的是這樣的情況也可以倒過來，適用於求生子的時候。

子女宮有天梁，求神的時候最好選擇流年或流月甚至流日天干為壬，此時天梁化祿，感應比較好。這個方法如果不是本命盤，運限盤子女宮有天梁也可以用。不過，這類小孩往往天生就有比較好的宗教緣分，容易跟神靈有接觸的機會，這是天梁星有趣的部分。

天梁星在本命子女宮小練習

「天梁、天機」對拱的組合，在子女宮的時候，容易上演親子間諜戰，因為彼此都太聰明，這樣的情況該如何改善？

解答／ 遇上這樣的情況時，父母應該感到高興，因為小孩很聰明。很多父母關心孩子，希望能守護孩子，但是往往造成親子問題，尤其是太陽、太陰、天梁這些庇蔭星化權在子女宮跟命宮的時候。事實上，再想要照顧，也只能照顧孩子到三十歲，他們的人生還是要自己面對，因此好的品德教育才是人生的重點。放手，是所有父母在孩子一出生就該學的功課。

⑧ 七殺星 個性固執難溝通

七殺的特質在於堅持的個性，對於在乎的事情會很堅持態度，好處是擇善固執，壞處是有時候自己認為的善並不見得就是善。在六親宮位中，七殺這一點的個性相當吃虧，因為華人傳統在親情上，通常講情多於講理。所以七殺在子女宮，當然代表自己對孩子教養態度容易堅持己見，一方面可能會因此跟另一半起爭執，一方面也可能造成跟孩子的關係緊張。尤其如果七殺還遇到煞星，或者對面宮位有化忌。而這樣的堅持，我們可以從對宮看出堅持的重心在哪裡。

1. 七殺對宮為武曲、天府

對宮是「武曲、天府」，重視教養孩子的花費跟目的性是否合理，希望孩子個性務實，並且對生活不怕困難跟努力。

2. 七殺對宮為廉貞、天府

對面是「廉貞、天府」，則重視孩子的反應跟聰明，以及人際關係跟學習能力。

3. 七殺對宮為紫微、天府

至於「紫微、天府」，則重視孩子外在的表現跟學業成績，與人生未來成就，這是最容易給與孩子壓力的一組。

••••

總體來說，子女宮有七殺的人，通常會建議晚一點生育，讓自己學會圓滑一點，避免跟孩子的衝突。另外如果七殺在「戌」的位置，因為那是女生子宮的位置，所以如果是女生的盤，也要注意生孩子比較容易有問題，當然以現在的醫學科技，這些問題會減少很多。（見四八頁圖三十二）

圖三十二／
七殺在戌對宮廉府

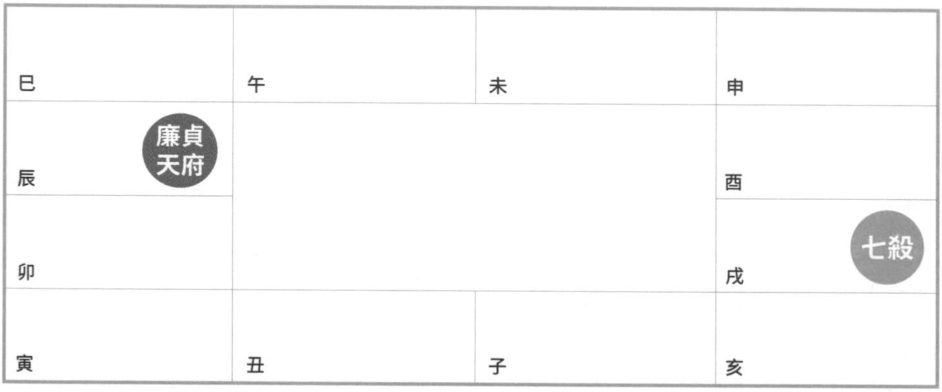

七殺星在本命子女宮的小練習

七殺因為個性固執，如果出現在子女宮，容易有親子問題。但是七殺也是殺自己、不殺別人的人，生氣的同時往往自己的心更痛，以斗數的學理來說，在命盤上面加上什麼條件可以減緩這樣的問題？

解答／

七殺對面一定是天府，其實七殺的內心對於事情的處理有很多方法，但是天府星需要祿存星，所以如果能夠加上祿存，或者化祿，或者文曲這類的桃花星，狀況會好一點，可以降低七殺的問題。

九●○破軍星　聰明熱情難捉摸

一般來說，破軍因為是子息之星，所以在命宮的人通常很愛小孩，在子女宮那就更不用說了。不過因為破軍也是破耗之星，所以在子女宮也會被當成不容易有小孩，或是跟小孩子沒有緣分。這部分一方面因為科技發達，所以這種傳統上不容易有小孩、小孩會早夭、小孩會有災難的說法，在現代來說其實往往不準確，但是不可否認，依照紫微斗數的原理，的確有因星曜本身帶的特質，如果遇到煞、忌，就會損耗的特性。例如擎羊跟破軍同宮，會有流產或者跟小孩無緣的機率，這樣的情況的機率確實很高，而且這還不一定需要在子女宮。不過，這都可以透過個性的更改來避免。破軍在子女宮，在此我們先單純地看他愛孩子的部分吧！

1. 破軍對宮為紫微、天相

破軍對面一定是天相星，對宮如果是「紫微、天相」，孩子有能力、聰明、學問好、能力好，甚至要長得好看，都會是破軍的期待，當然他也可以為了達到這個目標，不顧一切地花錢跟投注心力。

2. 破軍對宮為廉貞、天相

如果是「廉貞、天相」，孩子的能力跟聰明一樣是他在乎的，但是他更重視孩子與人相處的態度跟人際關係，外表好不好看、有沒有面子不是他的重點。

3. 破軍對宮為武曲、天相

如果是「武曲、天相」，則上述說的他也會喜歡並期待，但相對來說務實很多，教養孩子時不會亂花錢，也不會追求許多虛華的特質，注重在孩子的能力跟品德。

••••

無論是哪一個組合，都是非常大方的父母，也是願意為孩子拋頭顱灑熱血的父母，並且心中覺得自己是非常有計畫而且節制的，雖然外人不見得如此認為。因此不宜再遇到煞、忌。如果同時有破軍化祿還遇到煞、忌，難免就會變成一邊溺愛、一邊控制，這樣的親子對待方式反而不好，也可能造成所謂親子無緣的潛在問題。

破軍星在本命子女宮小練習

浪漫的破軍星在子女宮，有時候會因為自己的教養態度反而變成寵溺孩子，請問哪個星曜組合容易造成孩子的財務觀念不佳？

解答／

對宮是「武曲、天相」這一組，如果破軍化祿，而「武曲、天相」出現化忌，則容易在教養孩子時給與不佳的用錢示範方式，所以也給與孩子錯誤的金錢觀念。

十 貪狼星 鬼靈精怪難掌控

慾望之星在子女宮，傳統的說法是容易有非婚生子女，因為子女宮代表性生活，慾望之星在性上面，當然就可能有很多搞出人命的意外出現。不過這樣的說法，其實還是需要天時地利人和，性慾強的人不見得就一定會到處播種，或者接受播種。回歸到親子關係，貪狼在子女宮的父母，其實對孩子相當不錯，親子關係也好。如同貪狼在命宮或在任何六親宮位上，通常人際關係都是不錯的。

貪狼星的慾望所在位置會讓他對那個宮位有許多期待，在子女宮，對於孩子也會因為諸多期望而投注心力，對宮的星曜會是那個期望值的展現。無論是哪個組合，只要不要遇到煞、忌，其實貪狼在子女宮的親子關係都算不錯，並且很懂得教導子女，畢竟貪狼可是多才多藝的星曜。

1.貪狼對宮為武曲

如果對宮是武曲，他對孩子的期待會相當務實，期待孩子健康長大，可以給與自己人生的滿足跟家庭的感受就好，甚至連生孩子都是做好相當的計畫跟準備，如果不是遇到煞、忌，通常都會在有充分準備後才生小孩，這也是最不容易有未婚生子的一組。

2.貪狼對宮為廉貞

對宮是廉貞，則在教育孩子上相當有辦法，甚至足以教導身邊其他父母，聰明有趣的親子生活也會讓家庭生活相當豐富，缺點是如果遇到煞、忌，過多的慾望跟花招也是傳統說法中，最容易有非婚生子的一組。所謂子女宮是歡樂宮，說的大概就是這一組了，除非廉貞遇到化祿或者祿存，成為廉貞清白格，敢說不敢做。

3.貪狼對宮為紫微

對宮是紫微，當然會希望孩子聰明漂亮，還要人人喜歡，讓自己很有面子，因此也會相當要求孩子的各項能力。

貪狼星在本命子女宮小練習

貪狼在子女宮的人通常對孩子有很多期待，請問對宮哪一個星曜出現時，父母會買很多很貴的教育書籍？

解答／

對宮是紫微的時候會如此，因為要給孩子最好的，雖然孩子不見得用得到。

十二 ●○ 武曲星
晚年得子，個性務實卻不懂得與父母親暱

武曲在子女宮，會解釋成晚年得子，這源自於武曲對孩子務實的態度，如果沒有準備好，就不敢有孩子（所以所謂的「晚」也不一定真的年紀很大，只要自己覺得時間允許就可以），並且在教養親子上也相當務實。甚至因為太過務實，有需要就給錢，比較不懂得說好話跟親暱的相處，因此被稱為寡宿星曜，在六親宮位都會被說成跟那個宮位的人不親。然而，並非真的感情不好，只是因為在情感表達上比較一板一眼，父母有這樣的態度，當然也就會教導出這樣的孩子，不過也不是每個武曲星的組合都會如此。

1. 武曲、貪狼同宮

「武曲、貪狼」雙星同宮，對孩子就相當有辦法，懂得教導也懂得維繫感情，是個有趣且大方的父母，當然這是不能有煞、忌出現的。

2. 武曲、破軍同宮

「武曲、破軍」更是可以為了孩子掏心掏肺、賣肝賣腎把錢當雪花的父母，尤其在遇到煞、忌的時候更是如此。

3. 武曲、天相同宮

「武曲、天相」雖然中規中矩，但是畢竟對面有破軍，當孩子真正有需要的時候，也會不計一切投注心血，跟「武曲、破軍」的差別只在於「武曲、天相」通常會提早做好規劃。

4. 武曲、天府同宮

「武曲、天府」這個組合，在雙星組合裡是最懂得幫孩子做好教育計畫，重視孩子未來發展，希望他們的個性能力能夠獨當一面。當然這個組合因為天府重視，要有祿存，至少要武曲化祿，如果沒有祿存或化祿，也容易出現心有餘而力不足的情況。

5.／武曲、七殺同宮

「武曲、七殺」大概就是最孤單的一組了，對孩子花錢不手軟，卻也沒建立起深厚親暱的感情。

6.／武曲對宮為貪狼

武曲單星對宮是貪狼的組合，是親子關係最好的一組，教育孩子不會太務實也不會亂花錢，內心的貪狼讓他對孩子有期待，並且展現了很好的溝通，但是又能展現武曲的務實能力。

因為武曲是財星，所以在子女宮裡也可以是財庫的特質會更明顯，前面說到子女宮為財庫，遇到煞、忌會有破財情況，這是一個通用的看法，但如果是武曲，像「武曲、七殺」、「武曲、破軍」，甚至「武曲、貪狼」，即使沒有煞、忌，其實都有可能在花錢上不太知道節制。「武曲、天相」則需要注意有煞、忌引發的官非狀況。

武曲星在本命子女宮小練習

武曲星系在子女宮這樣一個花錢不囉嗦，但是不懂得做人情的父母，該如何改善跟子女的關係？

解答／單就命盤而言，如果武曲能加上桃花星，就可以改善這樣的情況，所以「武曲、貪狼」、「武曲、破軍」比較少有這樣的情況。但是如果天生沒有這樣的組合該怎麼辦呢？天生沒有，我們可以自己創造，在對待親子關係上多花一點心思，不要只想花錢，就可以改善這樣的情況。

十二 巨門星

愛之深責之切的孤單小孩

因為巨門具有不安全感的黑洞特質，造成對於所在的六親宮位，有不敢投注感情的疏離感，然而情感的感受通常是一體兩面，愈是不敢投入，其實愈期待跟喜愛孩子，當然這必須是巨門或者雙星以巨門為主的情況，並且要考慮太陽星的位置。

1.／巨門、太陽同宮或對拱

巨門雙星中只有「巨門、太陽」以巨門為主。當太陽在旺位的時候，「巨門、太陽」的組合當然是對親子關係相當熱情並且照顧，重視孩子的教育，甚至希望多生幾個，這樣滿滿的愛所教育出來的孩子，也會是個熱情聰明的孩子，這個情況跟巨門在子女宮，太陽在對宮的情況很像。

如果是太陽在落陷位的「巨門、太陽」同宮，則因為太陽落陷，對孩子的不安全感會浮現，對待親子關係就會有點陰晴不定，孩子感受到父母的變化，也會習慣觀察，所以變得沉默，如同巨門在巳位，太陽在亥位的太陽落陷情況。但是畢竟都有太陽在旁邊或是對宮，所以這個組合的孩子通常也都會希望自己能力不錯，因為父母會給與這樣的教育，也會希望自己有正義感。

2. 巨門對宮為天機

巨門單星的時候如果對宮是天機，會希望孩子聰明邏輯好，所以會重視孩子的教育，並且著重在思考能力上。但是這一組也會因為這些計算的特質，容易晚年得子，生孩子的時間會晚一點。

3. 巨門對宮為天同

對宮是天同的組合，是親子關係最融洽的一組，只要太陽在旺位，教育的心血與愛心會讓孩子有不錯的成長童年，讓孩子有很好的人格成長，但是若出現煞、忌，也容易出現太寵溺孩子的問題。

總體來說，巨門的重點還是在太陽，太陽旺位則巨門溫厚敦良的優點都會出現，若是太陽在落陷位，則會在對待孩子時有不知該如何是好的問題，這一點可以透過多給與鼓勵來改善。

巨門星在本命子女宮小練習

這麼容易孤單的巨門，排除太陽在旺位可以改善親子關係之外，有其他的方法可以讓這樣的父母跟孩子感情更好嗎？

解答

巨門的問題在於不敢投入感情的疏離感，並非真正不和或者不親暱，所以多出外旅遊增加彼此相處時間，會是一個好的解決方法。

（十三）天相星 人見人愛出門都會帶

如果說貪狼所在的位置是自己慾望所在，天相所在的位置就是人生準則所在，不過大前提是不能有煞、忌，否則規則會被破壞。子女宮有天相，在沒有煞、忌的情況下，對於孩子的教養會相當注重，並且要求孩子的規矩，希望能夠在外人面前有很好的表現，對宮的星曜就是他內心的規則所注重的地方。

天相星的對宮一定是破軍星，並且是雙星，破軍的夢想如同天相清楚規劃下的夢想，希望可以透過自己有效率的計畫展現出很好的表現，對待孩子的教育也是如此。大致上天相星的親子問題，都會在於一方面希望孩子有能力，卻又希望孩子要照規矩走的問題上，所以要注意天相星是否遇到煞、忌。

1.／天相對宮為武曲、破軍

對宮是「武曲、破軍」，會為了讓孩子表現好而不惜花費金錢。

2.／天相對宮為紫微、破軍

對面是「紫微、破軍」，則會因為對孩子寵愛，讓孩子可以自由奔放地追求自己的夢想與世界，很容易就變成了傳統上不好管教的孩子，尤其是遇到煞、忌時，往往會給自己惹上些麻煩。

3.／天相對宮為廉貞、破軍

對面是「廉貞、破軍」，會重視孩子的聰明學習、反應靈活，如果遇到煞、忌，小孩反而容易運用小聰明，產生不易管教的問題。

天相星在子女宮小練習

天相星怕煞、忌，如果子女宮當財庫來論，哪一個組合最容易破財？

解答／

天相對宮是「武曲、破軍」的組合，因為武曲星跟破軍在一起本來就是花錢不手軟。

十四●○廉貞星 聰明伶俐卻讓人傷腦筋

廉貞是個反應快、聰明的人，放在子女宮當然也表示對待孩子的態度跟做法相當聰明，所以容易訓練出能力好跟聰明的孩子。但是也因為如此，容易讓孩子從小學到太多巧思，如果遇到煞、忌，這些巧思就會變成不擇手段，如同廉貞在命宮容易走偏門。另外，因為廉貞遇到桃花星的時候，比單純桃花星的魅力都要大（例如破軍單星跟「廉貞、破軍」組合相比，「廉貞、破軍」的桃花魅力更大），所以在前述提到容易出現非婚生子的情況，在廉貞與破軍、貪狼同宮或對拱的時候也會出現。當然現在人懂得避孕，所以有時候人命不見得會出現，但是機會卻非常多，除非廉貞化祿或者加祿存。

子女宮有廉貞，小孩子難掌控，通常鬼點子也很多，除非是廉貞化祿或遇到祿存，因此，廉貞星在子女宮對待孩子的教育方式，通常需要注意品格教育，其他的部分可以不用要求，並且教導時不能用太強勢的態度，或者太多手段，免得適得其反。

1.／廉貞、天府同宮

廉貞、天府同宮在子女宮，教養上會期望孩子聰明伶俐，擁有良好出色的學習能力，雖然比較不怕煞、忌影響，但七殺在對宮，有時可能因為自己在教育的堅持要求，而帶來較大的壓力。

2.／廉貞、天相同宮

如果是「廉貞、天相」同宮，則最重視孩子的聰明學習跟人際關係，需要注意有沒有煞、忌進來，當運限有煞、忌出現，會因為太多的規矩加上孩子本身的聰明，反而容易讓孩子變得與自己的期待相反。

3. 廉貞分別與殺、破、狼同宮

廉貞跟七殺、破軍、貪狼同宮的，如果廉貞遇到化祿或者祿存，通常跟孩子感情不錯，孩子的能力也很好，但是如果遇到煞、忌，就容易因為孩子不受控制而跟孩子感情有問題，因此廉貞星也會被勸導晚年再生孩子，加上廉貞怕煞忌，懷孕時也需要注意安胎和風水問題。

廉貞星在子女宮小練習

廉貞星因為怕煞、忌，所以在子女宮容易讓人擔心，雖然孩子通常很聰明且能力好。除了改善自己的親子教育態度之外，就財庫的概念來說，哪一個最容易破財？

解答／除了「廉貞、天府」之外，其實每個廉貞星的組合只要遇到煞、忌，都會造成破財。

第六章

財帛宮——

財富的來源與使用

觀念建立

財帛宮是大家都很重視的宮位，不亞於代表感情態度的夫妻宮，我們都會希望知道自己能夠賺多少錢。其實財帛宮說的是我們對錢的概念，是對於世間的價值實際展現，因為我們在一個用金錢建構的世界裡，所以財帛宮展現的就是對錢的態度，如果今天我們還在以物易物的世界裡，財帛宮說的就不是錢了。如同我們一直提到紫微斗數說的是實質影響力，如果有一天，人類的大便可以成為重要的地球物資，人人可以利用自己的大便交換生活所需，那麼我們對待大便的態度，怎樣隨時保持排便暢通，不要有便祕的情況，就會變得很重要。相對來說，可以幫助排便暢通的各類運動、食物，也會變得更為珍貴。如何保存大便，方便儲存跟交換，也會變成生活重心。

財帛宮的概念就是如此，什麼東西讓我們可以在人世間活下來，可以與人交流溝通彼此資源，才是財帛宮要談的，只是現在剛好這世界以錢建構，所以我們稱之為「財帛」宮。因為上述的觀念，所以財帛宮也稱為生命的泉源，沒有了這個資源，人就無法存活。至於我們該如何獲得這個資源，如何使用、如何讓它更好、用在什麼地方、用的方法、取得的方式、使用的態度，都會在財帛宮上呈現。因此，有的書上說財帛宮是代表品味的宮位，其實是因為錢都拿去買名牌，當然感覺有品味。或者常有人擔心財帛宮化忌，是不是會破財，其實本命盤的財帛宮化忌，只是覺得對於錢財的需求有空缺，會覺得比較需要錢，但是不見得真的沒錢，因為本命盤說的只是態度跟價值，以及天生的能力跟個性，並不代表現象，缺錢則是一種現象，這一點是一直被大家所誤會的地方，所以許多時候，財帛宮化忌的人反而能夠賺大錢，因為他會覺得自己缺錢，所以很努力。

有了對財帛宮的認識之後，再去看待**各星曜在財帛宮裡面的解釋，我們可以把它當成自己的財務大臣**。也就是說，如果財帛宮是「武曲、七殺」，而你是國王，那麼你的財務大臣就是「武曲、七殺」這樣的人，理財的態度務實而努力，但是如果遇到煞、忌，也可能在財務的處理上固執不聽人勸。這樣的人管錢時，如果運氣好，就會因努力堅持而得到回報；如果運氣不好，遇到災難，就有可能反而讓自己因為不聽人勸而破財，但是這是個性使然，並不是一定的情況。如果財帛宮是「太陰、天同」，財政大臣便是個顧家且隨和的人，如果沒遇到煞、忌，會相對保守一點，因此在考慮賺錢的方式時，當然就會找比較安全且注意穩定的獲利，不會想嘗試太過刺激的投資。

以這樣的角度去想每顆星曜的特質個性，用錢的態度如何，就可以知道各星曜在財帛宮應該會是怎樣的情況。再舉一個例子，紫微星，化氣為尊，尊貴是中心價值，所以在財帛宮，無論是用錢態度、來財方式、理財方向、買什麼東西等等，都要保持尊貴的情況，可以買名牌就不會考慮雜牌，可以去大公司上班就不會考慮名不見經傳的小公司。這樣才能正確解釋各星曜在財帛宮的情況。至於傳統命理常見的，星曜屬金的適合打鐵跟從軍，屬火的適合開餐廳，這種完全無厘頭的解釋方式，其實只是沿自八字，並且完全不準確的說法。屬金的星曜通常對事情很堅持，所以適合一步一腳印，勉強可以說打鐵因為很累很辛苦，從軍也是如此，所以才適合吧！可惜現實的情況是，打鐵的機會不多，從軍的人數也不多，所以這種說法的準確度比射飛鏢還差，射飛鏢至少可以透過練習改善，這樣利用五行分類完全是碰運氣的說法。以下看看各星系在財帛宮的理財態度，以及適合的賺錢方式。

一 ●○ 紫微星

賺錢也要有面子

紫微在財帛宮是我在上課或開講座時，跟大家介紹紫微斗數最常用的例子，因為常有人誤以為紫微星在財帛宮非常好，跟皇帝一樣有錢，其實皇帝不一定都有錢，而且本命盤財帛宮代表的只是與生俱來的特質，所以只能說這個人對錢的態度就像皇帝。或者用財帛宮是人生的生命之源，是白己跟現實社會實際交流的方式來說，他擁有著希望別人可以尊崇他的態度，因此只會說這個人花錢像皇帝，但是皇帝有很多種，我們可以從紫微星的各種組合來看，這個人在金錢上會如何呈現皇帝般的尊貴。

1. 紫微對宮為貪狼

紫微星的組合中，真正花錢如皇帝，希望買的東西、花錢的方式，甚至賺錢的方式，都要拿得出來說嘴，可以讓大家羨慕，最明顯的大概就是紫微、貪狼的組合。紫微、貪狼對拱的時候，因為貪狼星會在福德宮，心靈層面的滿足跟需求，是紫微星對錢財的重點，所以賺錢的方式、用錢的態度，都必須符合心靈的滿足，才能達到他自己覺得可以受到眾人尊崇的樣子。

2. 紫微、貪狼同宮

如果紫微、貪狼同宮，則因為對宮是空宮，也會有雷同的跡象，只是這時候偏向貪狼星好追求慾望的部分更多，因為紫微受到貪狼影響，當然這時候如果遇到煞、忌，就會太過重視金錢上的享受，但如果煞星是鈴星，則享受的同時一樣會精打細算。

上述兩個都是紫微、貪狼的組合，當紫微化權，因為希望掌握金錢能力，所以很容易會考慮創業，當然這一點就現象來說是看運限盤，本命盤只是有這樣的態度，不見得真的會做，但是紫微對宮為貪狼的會比起「紫微、貪狼」同宮容易，因為一個受到貪狼的影響，一個是內心對金錢有許多慾望。

其他雙星的組合，除了幾乎只要紫微遇到化權都會有這樣的想法，但是其中各自的原因有所不同。

3. 紫微、七殺同宮

「紫微、七殺」這個皇帝本身就很重視權力，在財帛宮，當然希望自己可以財務自主，不用靠人，所以是否有化權都會有這樣的想法。相對來說，也是理財用心且有目的，並且也是比較敢投資跟追求財富的。

4. 紫微、破軍同宮

「紫微、破軍」則是為了自己的夢想所求，而會做財務投資跟創業，畢竟皇帝身邊若有軍隊，他不打仗怎麼知道自己能力有多好。對宮因為是天相，所以在天相沒有煞、忌的情況下，不至於會有錯誤的理財觀念。

5. 紫微、天相同宮

「紫微、天相」則是因為對宮有破軍，原本受到天相有條理、重視承諾跟人際關係幫助的皇帝，會在天相遇到煞、忌時釋放破軍，讓破軍追求夢想。如果破軍有化權，因為是穩定且重視實際的將軍，所以能有不錯的成績，除非運限太差。

6. 紫微、天府同宮

「紫微、天府」這一組的重點其實是天府星是否遇到祿存，否則即使紫微化權，也會因為紫微面子裡子都要而做得很辛苦。

••••

綜觀來說，紫微星如果在財帛宮，並且化權，擁有紫微星重視的三方四正要有吉星，通常會相當不錯，但是也需要注意這個人有錢之後可以能會花錢不手軟，運勢不好可能就是黃粱一夢的皇帝了。至於適合從事的賺錢方式，可以從紫微星本身的特質來說，紫微星既然特質是化氣為尊，與尊貴有關係的理財方式跟行業，當然就會是他相對熟悉的，例如時尚業、精品業、創意文化產業，有吉星幫忙的皇帝，則只要他喜歡，什麼行業都適合。

紫微星在本命財帛宮小練習

紫微星在財帛宮，花錢像皇帝，但是皇帝可能亂買名牌，也可能是個英明聖主，會考慮實際需要將錢花在刀口上，但是該花的時候絕不手軟，這會是紫微星系中哪個組合？

解答／ 這個情況通常是「紫微、七殺」這一組，因為「紫微、七殺」化煞為權，對宮又是天府，相當務實，但是一樣保有紫微的特質，該花錢的時候不會怕。

(二)天府星 天生擁有聚寶盆

天府是財庫星，所以在財帛宮算是相當美好，各類跟錢有關的星曜在財帛宮都相當好。差別只是在於星曜的特質，武曲努力耿直、認真奮鬥，有這樣的理財觀念，當然容易成功。太陰星心思細膩，雖然愛吃喝花錢，但是也同時很懂得聚沙成塔，放在財帛宮當成理財態度，為了享受可以做很好的積蓄，這當然也不錯。天府則是做人處事相當有謀略、有計畫，如果加上祿存，會幫助他少了天府受七殺（天府對宮一定是七殺）的影響，將重視權力的衝動跟固執，轉變成懂得利用計畫、規劃，讓自己很容易完成事情，放在財帛宮，當然就是可以因此讓財富增加，是很好的理財能力。天府在財帛宮會重視自己的理財規劃能力，依照對宮的星曜有不同的表現。

1. 天府對宮為紫微、七殺

對宮是「紫微、七殺」，身邊有殺手錦衣衛，是重視自己權力的皇帝，如同「紫微、七殺」在財帛宮，也會在恰當時機創業，差別只是「紫微、七殺」在財帛宮的人，會很早就清楚自己的需要而掌控財務。天府只希望透過好的規畫讓錢可以滾錢，不見得要創業，否則只會希望自己可以有穩定而優渥的收入，能夠投資別人最好，所以自己創業更需要時機來推動。

2. 天府對宮為廉貞、七殺

對宮是「廉貞、七殺」，用錢會重視是否有好的方法跟理財方式，我常開玩笑說，這組是最好的錢莊經營者，這樣的人會是最想把財務規劃好的人，當然如果遇到煞、忌，也可能影響「廉貞、七殺」在財務上走偏方去理財。

3. 天府對宮為武曲、七殺

「武曲、七殺」這個務實且會堅持、努力過頭的組合，在天府的對面會讓天府的理財規劃很務實，也很努力，如果天府有祿存並且運限不要出現問題，通常在中年後會有不少財富。

所以天府星只要能夠出現在財帛宮，都算是相當不錯，如果加上祿存更是完美，因為會有很好的理財觀念跟計畫，懂得如何靠自己創造財富，重視計畫跟財務能力的行業，如銀行理財業務、分析師、實業的創業者，都很不錯。

天府星在本命盤財帛宮小練習

天府是財庫星，如果加上祿存，財庫星的特質展現出來，放在財帛宮相當不錯，這樣的人是否就一生不會破財呢？

解答／

財帛宮只是理財的態度跟能力，天府星在財帛宮加上祿存，只能說他的能力很好，不能說他不會破財，因為破財是一種現象，所以還是可能會有運限盤財帛宮出問題，導致雖然天生能力不錯但是當下錯誤判斷。另外，財帛宮出現煞、忌而造成破財的情況，通常來自於理財問題，例如投資生意或者是用錢的觀念導致財留不住。另外還有一種破財是無由來的，例如家裡忽然需要整修，這一類的會出現在子女宮跟田宅宮，因為那裡是財庫，當然這也是運限的問題。

三、天機星 數字清楚邏輯好

天機是一個邏輯數字能力好的星曜，放在財帛宮可以說擁有很好的數字觀念，但是因為天機的不穩定性，所以也會害怕遇到煞、忌出現。尤其是天機化忌，天機化忌的時候會有聰明反被聰明誤，算計過多的問題。因此在沒有煞、忌的情況下，我們可以說這個人有不錯的數字觀念，在理財跟金錢的使用上會處理得不錯，但是如果有煞、忌，就需要擔心可能因為本身太過聰明，反而做了錯誤的理財，例如以為使用一堆信用卡可以搭配出最好的利率，但是最後卻是過度借貸。

天機的計算跟邏輯會如何使用，以及不希望一成不變等特質會在對宮星曜展現出來。天機的各種雙星組合中，對宮都是空宮，因此表裡如一的態度也會讓自己在金錢的使用上很明白清楚。

1.／天機、天梁同宮

「天機、天梁」的人，對於需要理解的事物都會去清楚的了解，畢竟天梁是博學的星曜，所以同宮的時候，會很容易在理財上趨於保守，因為知道愈多往往真相愈讓人害怕，在理財上知道愈多知識，可能就會愈保守理財。如果遇見化祿或祿存，會變成很好的理財能手，女生必然很會持家。這個組合適合有固定收益的理財工具，也適合利用自己的邏輯跟思考從事相關專業技能的工作。除非遇到煞、忌，天機思慮過度或邏輯歪樓，造成天機暴衝，那就另當別論。

2.／天機對宮為天梁

如果「天機、天梁」對拱，這一組在財帛宮的人通常被說是好賭成性，就當然需要一點煞星進去幫忙。如果有化祿或祿存，運限好的時候可以投資獲利，如果創業做生意，也都適合需要計算與分析的產業。

3.／天機、巨門同宮

「天機、巨門」同宮，當太陽在旺位的時候，對於理財很有自信，也因為天機的數字觀念好，通常在理財用錢上會有自己的想法跟主見，但是畢竟有巨門在旁邊，所以除非遇到煞、忌，否則對錢的態度會相對保守。如果太陽在落陷位，則巨門不安全感的部分會明顯出現，對錢財的態度就會相對保守，保守的理財觀念不是不好，只是遇到煞、忌時容易過度保守，反而變成有點小氣。無論太陽在旺位或落陷位，保守穩健的理財工具，以及對於日常開銷有很精細的規劃計算，都是「天機、巨門」同宮的特質，工作上也找這一類需要專業技術並且有關邏輯的類型比較好。

4. 天機對宮為巨門

「天機、巨門」如果對拱，天機的對面是巨門，重點還是在於太陽是否在旺位，若是在落陷位，容易用買東西來滿足心靈的空虛，太陽在旺位也會有這樣的特質，但是比較偏向旅遊吃喝，適合的投資或者工作，在於教育與專業行業，並且與人際有關。

5. 天機、太陰同宮或對拱

如果是「天機、太陰」，這個組合無論同宮或對拱，因為太陰為桃花星的關係，都會大幅度降低天機單純專注在邏輯理性的思考問題，也降低了天機化忌時會想太多的問題。因為受太陰影響，從事民生飲食以及異性相關的產業都很適合。理財方面，若投資房地產則需要注意配合天機善變的特質，以買賣為主，不適合囤積。

••••

總體來說，天機的重點在於對數字的理性特質，但他卻不適合穩定的投資或置產，有些書會說天機要投資穩定的理財產品，然而因為本身個性太不穩定，容易隨波逐流，受到市場影響變成錢財放水流，又說不能做需要置產的生意，例如工廠、餐廳等等有固定資產者，其實也是因為天機的變動性，因為以固定資產來理財需要個性穩定，所以才說不適合，當然這也是因此天機星會被說成適合當公務員的原因。可見我們需要了解自己對於錢財的本質特性，才能真正找出適合的理財方式。

天機星在本命盤財帛宮小練習

聰明有邏輯的天機星，在財帛宮上最容易財務出狀況的是哪一個組合？

解答／「天機、天梁」對拱這一組，只要遇到煞星，就容易出現衝動理財或計算錯誤的情況，所以這一組的風險最大。

四 太陽星
名聲比財富重要

太陽的特質是化氣為貴，所以不能被看待成財務的豐富程度。本命盤的財帛宮有祿或祿存出現，都只能當成理財特質造成自己未來的財務情況，但是有許多星曜的特質在財帛宮化祿，很可能只是讓自己很愛花錢，所以本命盤財帛宮需要了解的是對錢的態度，而不能直接當成錢，避免誤會自己很有錢。太陽就是其中一個，化氣為貴表示這個人用錢是為了在群體有足夠的地位，這種人通常出門付錢很爽快。因為太陽是個重視自己能夠制定一切規則的星曜（一家之主的概念），當太陽在財帛宮，並不能當成理財能力很好或是會賺錢，只能說因為這種用錢、付錢乾脆的個性，會帶來許多機會，所以太陽在財帛宮也適合從事在社會上相對有名望的事情，比較容易有賺錢的機會或是獲利，例如：校長、里長、團體組織中的領導人。然而這種特質的人，如果太陽在落陷位就容易做出超過自己能力範圍的事，這種情況在理財上當然就容易出問題。

1. 太陽對宮為巨門

太陽星對宮是巨門時，如果太陽是旺位，巨門的黑暗不至於影響太陽星，對錢財的大方不計較與願意用錢照顧人的態度，尤其是吃喝與教育方面，絕對不手軟，這會讓他有很好的機會；如果太陽是落陷位，會有一樣的特質，只是有時候因為運限的問題，感覺心有餘而力不足，內心對錢比較沒安全感。太陽有個特質，落陷的時候會有不顧及社會價值的特色，所以放在財帛宮也容易讓這樣的人在理財上可以接受灰色地帶，例如從事較為偏門的投資生意甚至賭博。

2. 太陽、天梁同宮

「太陽、天梁」如果同宮，因為受到天梁的影響，無論是用錢的態度或是理財的方式，都需要有知識來支撐，不會無厘頭地亂投資跟亂花錢，但是因為兩個都是庇佑星，對錢財的態度算大方，通常也是很好的募款對象。如果遇到太陽化忌，對於錢財比較沒有安全感，尤其是太陽落陷的時候。

3.／太陽對宮為天梁

如果是太陽單星，天梁在對宮，太陽落陷的時候，無論遇到哪個四化，都會有打腫臉充胖子的情況。太陽在旺位，則受到天梁影響，因為天梁的老天眷顧特質，所以很容易有創業的機會跟能力。

4.／太陽、太陰同宮

「太陽、太陰」同宮，同時具備了太陽跟太陰的特質，理財的觀念跟用錢的態度會同時有太陽跟太陰的想法，所以重視名聲跟累積財富會同時表現出來。如果太陽在旺位會偏向太陽，落陷位則會偏向太陰，因為對宮是空宮，如果對宮沒有煞忌跟文昌、文曲，很容易因為借星過去空宮，所以兩者都要的情況會很明顯，偏向哪一種的情況會較為不清楚。如果有四化出現，則四化所在的星曜會比較明顯，這樣一個不清晰的特質，也就是讓太陽、太陰在財帛宮的時候，容易讓這個人希望可以有不同來源的收入，所以在有一份收入時，通常會希望再有另一份收入，例如平常是上班族，但是希望可以有房子收租，已經是包租公卻還想是不是該投資早餐店。

5. ╱太陽對宮為太陰

如果對宮是太陰，太陽單星，旺位的太陽星除了具備太陽的一切特質，也會因為對宮的太陰，很重視將錢財用在精神上的享受，錢財也會多用在家人身上。若是落陷的太陽，除了心有餘而力不足，也會希望有其他收入，並且重視財富的累積。

太陽星在本命盤財帛宮小練習

財帛宮代表理財觀念，以及適合的賺錢方式，因為錢是人與社會聯繫及資源交流的方式，所以財帛宮通常也代表了我們生活的價值態度，以及累積資源的方式。請問依照太陽星的特色，哪一個組合最適合當命理師？

解答／

太陽在財帛宮，巨門在對宮的組合，賺錢的對外方式是利用與人溝通的巨門，這個組合是太陽星裡最適合當命理師的組合，具備了命理師需要地位名聲、幫助人，並且與人溝通的特色。落陷的太陽更是適合，因為落陷的太陽有灰色地帶的特色，而命理師是灰色地帶的產業。有趣的是，其實午夜牛郎這類情色業其實也相當適合，一樣具備有名（紅牌）、照顧人、用言語關心人這樣的特色。

五 太陰星 聚沙成塔享受一生

太陰通常也被認為很適合放在財帛宮，因為太陰具備母性的照顧特質，不同於太陽的庇蔭特色來自於希望一切由他制定，希望透過他的制定讓大家過得好，太陰星是純粹希望可以照顧大家，而且無怨無悔，所以需要累積足夠的資源，在財帛宮當然就是能夠有好的財富資本。太陰星這樣一個「家」的概念，有如雙手圍抱的守護，積聚財富是太陰在財帛宮的特色。在用錢態度上，母親對我們的照顧最重視的莫過於吃喝穿方面，所以財帛宮有太陰的人，通常也比較會將錢花在這上面。

1. 太陰對宮為太陽

太陰星的對宮如果是太陽，會重視自己的理財能力，如果太陽是旺位，考慮的賺錢方式跟理財方式都會希望跟上社會潮流，如果在落陷位，則這些理財規範會依據自己心中的設定，如同「太陽、太陰」同宮，心中也會希望有其他收入，太陽、太陰的星系組合還有個特質，就是會往國外發展，在命宮如此，在財帛宮當然也表示願意在理財上有更多發展機會。

2.／太陰、天同同宮

「太陰、天同」同宮在財帛宮上算是懂得享受生活，懂吃喝，錢也多半花在照顧家人身上。需要注意的是落陷位的太陰，如果遇到煞、忌，容易造成不自覺的花費。比較特別的是這個組合如果遇到化權，其實很適合創業，因為有桃花守財。

3.／太陰對宮為天同

對宮是天同的太陰，除了吃喝享受的錢財花用，也重視學習的投資，最好的理財方式除了有化權，適合做娛樂、餐飲、教育業創業之外，穩定保守的理財方式也是這個組合的最佳選擇，包租公包租婆最佳範本，也適合開間小店。

4. 太陰對宮為天機

如果太陰對宮是天機星，是最善於積蓄財富的一組，只是需要擔心如果天機遇到煞星，或者是化忌，會因為計算過多，在理財上又有顆不安穩的心，容易在有煞、忌出現時出現財務問題。

太陰星在本命財帛宮小練習

太陰星在財帛宮的特質是積聚成富，但是一樣需要有祿存或化祿，才是真正有這樣的特質，否則比較偏向於吃喝的滿足。傳統上因為太陰代表田宅主，所以會建議投資房地產。請問太陰組合中哪一組適合投資房地產？

解答／太陰所謂田宅主，其實並非房子，而是家的意思，所以不能直接解釋成適合投資房子，只能說對於錢財有守護的概念。但是太陰組合中其實只有「太陰、天同」具有穩定的概念，因此只有這一組適合投資房地產。

⑥ 七殺星

堅持是一切的信念

七殺可以說是隱藏的財星，因為七殺的對宮一定是天府，只要遇到化祿或祿存，天府的財庫星特質就會出現，因此七殺在財帛宮只要不要遇到煞、忌，造成過度的固執，容易理財衝過頭或忘記風險，通常都可以在財務上有不錯的表現。

許多書籍說七殺在財帛宮會有很多風險，其實是因為七殺在財帛宮，破軍一定在命宮，破軍在命宮會有追求浪漫的個性，當希望夢想能夠實現，對於自己的錢財就會引發七殺的固執，所以有時候會太過堅持理想，因此如果運限不佳，當然就容易有風險。但是如果運限好或懂得規避風險，其實反而會有很好的賺錢能力，因此不能因為七殺在財帛宮就當作是不好的組合。

1. 七殺對宮為紫微、天府

當對宮是「紫微、天府」的時候，會是七殺很好的格局，遇到紫微有化權或祿存出現，會希望財務上有發展，所以可能會創業，但是需要有好的運勢搭配，否則變成心有大志卻沒機會。

2. 七殺對宮為廉貞、天府

如果對宮是「廉貞、天府」，在理財上通常有很好的能力，很懂得做出最適合自己的規劃，如果廉貞化祿或有祿存出現，很適合投資事業。

3. 七殺對宮為武曲、天府

「武曲、天府」在對宮，務實的財務規劃跟使用，也容易讓這樣的人在中年後可以有不錯的財富，只要注意運限不要出問題。

七殺星在本命財帛宮小練習

七殺星的組合裡，只要對宮星曜遇到化權，都會希望有投資或創業的機會，在七殺所有的組合裡，如果遇到創業時機，最需要注意什麼事情？

解答／ 七殺已經具備堅持的態度，所以不適合再遇到火星或擎羊，並且要有化祿或祿存，在創業上才有好的財務能力，避免因為七殺星過於堅持而產生的風險。

七●○破軍星

花錢是人生浪漫的一部分

傳統上來說，大家都覺得浪漫的破軍不適合在財帛宮，而且對宮是天相星，又害怕天相遇到煞、忌，但破軍星如果遇到化權，可以穩定破軍的浪漫，讓夢想成為理想，並且因為天相星在對宮，只要不遇到煞、忌，若運限不錯，其實通常有不錯的理財能力。不過，因為破軍是破耗之星，遇到化祿反而不能解釋成一般所認知的財帛宮有祿的存在，因為這個祿來自於消耗自己所產生，在本命盤這個人絕對是大方的，但也容易亂花錢，除非運勢很好，否則爽快花錢是他人生的浪漫，絕對是免不了的事情。

1. 破軍對宮為武曲、天相

對宮的組合裡，「武曲、天相」是最有可能創業的，因為武曲會化權，並且希望能夠透過努力完成花錢的浪漫態度，創業便是一個很好的選擇。適合穩紮穩打的行業，畢竟「武曲、天相」任何一個化忌，在投資上都會產生風險。

2. 破軍對宮為廉貞、天相

「廉貞、天相」這一組，若是遇到破軍化權，會有希望創業的機會，對於投資理財甚至財務規劃，都很有自己的想法跟創意，可惜這一組如果遇到煞、忌出現，就容易因為錢財惹上官非。適合從事跟人際有關係的行業。

3. 破軍對宮為紫微、天相

「紫微、天相」，花錢不手軟在這一組最明顯，因此追求好的財務能力跟消費水平，也是他的夢想，並且賺錢方式最好是可以拿來炫耀的，當然也就相對地更能在財富上有所追求。適合跟品味有關的行業。

總體來說，如同七殺在財帛宮不好，破軍在財帛宮的風評也不佳，但是在這個敢拚就會贏的年代，其實破軍星如果有足夠的條件，就是一個敢投資、敢努力賺錢的星曜。

破軍星在本命財帛宮小練習

破軍的用錢態度往往讓人很擔心，其中哪一個最容易讓人擔心？

解答／

「武曲、天相」這個組合最容易讓人擔心，因為這個組合遇到煞、忌的機會最高。

八、貪狼星

擁有與付出都是慾望的展現

對錢財有慾望，無論花用或獲取，都是貪狼在財帛宮的寫照，所以這是個花錢不手軟，並且很懂得花錢的人，畢竟貪狼星是博學的星曜，在哪一個宮位對那個宮位的事情都很拿手，並且慾望的特徵就會產生在對宮的星曜。

1. 貪狼對宮為武曲

貪狼的對宮如果是武曲，這個人雖然重視錢財的獲得跟享受，但是對宮武曲讓他的慾望相當務實，不會追求浮誇的金錢價值，這個組合被稱為百工之人，靠專業技術很踏實地努力是很好的賺錢方式，花錢的態度也是如此，投資理財當然也要找很務實，能穩定獲利的。

2. 貪狼對宮為廉貞

如果對宮是廉貞，需要擔心的是廉貞是否化忌，如果廉貞化忌，會在花錢上很重視與人的交往，花在人際關係的建立比對待家人多。也重視享受，尤其是身心靈方面的投資與支出。在投資理財上需要注意會因為想炒短線而遇到運限不佳出問題，如果廉貞有化祿或遇到祿存，可以大幅度改善這樣的問題，並且很穩定理性地找到最佳投資工具，只要運限沒有遇到不好的狀況，通常晚年可以有不錯的財富。

3. 貪狼對宮為紫微

對面是紫微的組合，花錢雖然不像紫微星的人那麼重視品牌、品味與浮誇，但也重視品質，以及買東西追求心靈的感覺，會因為感覺不錯就花錢，尤其是遇到化忌的時候。這個組合也是貪狼星裡最容易創業的組合，因為紫微、貪狼都會化權，也希望能夠有較好的生活品質。

貪狼的慾望，放在財帛宮算是相當不錯，加上貪狼很會針對在乎的事情做功課與研究。缺點是慾望太多、容易迷失方向，優點則是會有很多方向跟知識，只要不遇到太多煞星，造成花錢太衝動，完全跟著慾望走，基本上是還不錯的一個星曜。

貪狼星在本命財帛宮小練習

據說貪狼星在財帛宮，容易花天酒地，請問哪一個組合會如此？

解答／

貪狼在財帛宮或命宮，如果遇到擎羊跟陀羅，稱為風流采杖格，被解釋成容易在風月場所花錢。其實有一個重點，必須是在子位的貪狼，因為並非每個貪狼都會如此，當然如果其他貪狼組合遇到很多煞、忌，也可能因為控制不住金錢的揮霍而亂花錢，但是至少對宮是武曲的那一組，相對來說狀況少很多，頂多就是唱唱歌、喝喝酒。

九 ●○天同星 快樂地享受才是人生的重點

天同是個享受的星曜，有些書籍會說天同在財帛宮不太好，因為古人覺得人不該花錢，要努力工作。其實對於錢財的觀念應該不是只有賺錢，懂得花錢也很重要。天同在財帛宮的人，通常很懂得對自己好，吃喝享受、學習各類知識，對他來說是豐富人生的方法，不是累積財富的手段。這樣的理財態度，如果運限好，有時候反而能夠自然地累積財富。人往往因為想要而失去，因為不在乎而累積。天同雙星有「天同、天梁」，「天同、巨門」兩組。

1. 天同、天梁同宮

這一組因為受天梁星影響，加上對宮是福德宮，如果對宮空宮沒有煞星、文昌、文曲阻擋借星過去，因為天梁會化祿，並且受福德宮福氣運勢的影響，幾乎可以說是一生不缺錢，就算有煞星阻擋無法借過去，也不至於財運太差。只是這個老天給的財運，因為天同個性隨和散漫，所以上天給的錢通常只是剛好夠用，不見得能夠累積大財富。

2.／天同、巨門同宮

「天同、巨門」這一組則需要擔心是否有天同化科跟巨門化忌出現，如果用錢就會依照感覺跟情緒走。

3.／天同對宮為巨門

單星的天同，對宮如果是巨門，會因為巨門而受太陽影響。太陽是旺位，巨門被照亮以後少了不安全感，反而展現巨門的博學跟收納的特質，巨門這時候反而會有庫藏跟財庫的概念。遇到化祿，則是個很懂得用錢花錢以及投資的人。若是太陽在落陷位，就會因為巨門的沒有安全感，產生對金錢的不安。

4. 天同對宮為太陰

對宮是太陰，很少有人知道這個組合很適合創業，因為太陰在對宮，懂得享受之外，對錢財不是太浪費，並且因為兩個都是桃花星，所以有很好的人緣會給與財源，只要不遇到太多煞、忌，一般來說也是一生不愁吃穿，理財上很適合各類保本穩定的投資工具，也適合各種店鋪、跟人相處有關係的生意。

5. 天同對宮為天梁

對宮是天梁，財運會比同宮的組合好，因為有天梁星在福德宮，幾乎是老天送財運的組合。當然是否有真正的好財運，還是要看天梁是否有化祿。這一組也很懂得生活，最重要的是這一組因為天梁是宗教星的緣故，是求神拜佛求財運最好的組合。

天同星在本命財帛宮小練習

長久以來，很多人都誤會天同在財帛宮不佳，甚至覺得會重於享樂，女性命盤若遇到煞、忌，更會被解釋成因為好享樂可能走向色情行業，但其實天同星在財帛宮都有不錯的基本財運，有福氣懂享受且人緣好。但是好享樂的天同即使化權在財帛宮，往往也不見得如同其他星曜化權一樣適合創業，請問哪一個組合的天同比較適合創業呢？

解答／

對宮太陰或是「天同、天梁」這個組合，因為受太陰星影響，雖然享樂但是更希望自己可以照顧人。天梁也是如此。所以當天同化權，就會讓天同星有更多的動力去創業。

十 天梁星 最好的功德主

天梁在福德宮，我們會說向這個人借錢不用還，天生來做功德幫助大家的，其實在財帛宮也是如此，花錢大方不小氣，也是個一生不缺錢的人，並且因為天梁具有博學的特質，所以在正常情況下只要不遇到煞、忌，理財能力通常不錯，做任何投資也會做足功課。

天梁如果化祿在財帛宮，其實還有一個特質，就是老天送錢，本命盤是與生俱來的錢財，所以這是一個有機會拿到祖產的星曜。

1. 天梁對宮為天同

天梁的對宮是天同時，除了善於理財，並會將錢財花在學習跟精神享受。

2. 天梁對宮為太陽

如果對宮是太陽，自己對錢財的觀點在內心藏著太陽的特質，如果遇到化祿或化權，其實會有能力跟想法創業，只要等到運限有適當時機，這一組通常也會願意大方資助朋友金錢。只是如果遇到化權，難免會對借貸的朋友要求多一點，特別是這個組合的太陽無論是否在旺位，能力都不會太差，只是太陽在旺位，會希望用錢光明正大，太陽在落陷位則比較不受限制，因為這些條件這個組合往往會有成為企業家，甚至是公益團體領導人的機會。

3. 天梁對宮為天機

對宮是天機的組合，如同天機對宮是天梁，有化祿、化權，具有風險投資的能力跟企圖，也同樣需要擔心煞、忌會讓這個特質轉成投機跟賭博，差別在於天梁在財帛宮的人，真的要投機跟賭錢時會做比較多功課，相對來說投機成分比較低。

天梁星在本命財帛宮小練習

天梁星在財帛宮化祿有機會拿到祖產，請問如果類似的狀況出現在運限盤，還會有什麼可能性呢？

解答／ 什麼是老天送錢？其實就是某種偏財，不需要花費努力就可以得到，本命盤因為是一出生就擁有的，所以可能是祖產。如果是運限盤，可能是保險或意外之財。

（十一）天相星

人脈就是錢脈，先服務再收錢

重視人際網絡的天相放在財帛宮，用錢的態度跟理財的能力一樣展現在人際圈，在天相不化忌、沒有煞星在同宮或對宮衝來的時候，有條不紊的自身規則，以及對自己人際生活圈的掌握，這樣的個性價值會出現在他對錢財的態度上。錢財的消費也重視品味，希望身邊的人都可以知道他的用心，而這樣的個性在重視人際關係的華人社會，會相當吃香，因為有人脈就有錢脈，在投資理財上很適合各種合理規則的理財商品，賺錢的方式也總是在利用人際關係上，所以保險業等各類金融財務規劃很適合。然而也因為如此，當遇到煞、忌，規則被破壞時，就容易出現合約甚至官非的問題，雖然現象是出現在運限盤不是本命盤，但是一樣需要擔心運限的煞、忌會影響本命盤上的財務判斷能力。

1.／天相對宮為武曲、破軍

天相對宮一定是破軍的雙星組合，當對宮是「武曲、破軍」，理財特質會在務實中求發展，對人大方但是不會亂花錢，可是如果遇到武曲化忌或者天相化忌，都因為過度理性與自我要求，反而容易出問題。

2.／天相對宮為廉貞、破軍

對宮是「廉貞、破軍」的組合，遇到化權會有創業的想法，但是一樣要擔心煞、忌出現時會因為求好心切，反而遊走法律邊緣。

3.／天相對宮為紫微、破軍

「紫微、破軍」在對宮，只要對宮福德宮的三方四正有足夠的吉星，在遇到化權的時候，會有創業的想法跟能力，遇到好的時機也會在商業上有好的發展，若是單純以用錢態度來說，則是個願意花錢在心靈品味上的組合。

天相星在本命財帛宮小練習

天相在財帛宮，重視以錢財維繫人際關係，並且照顧身邊的人，但是遇到煞、忌，往往反而因此跟身邊的人發生財務糾紛，請問哪一個組合最容易做風險投資？

解答／

「廉貞 破軍」這個組合最容易。「武曲、天相」相對務實。而「紫微、破軍」除非煞、忌很多，否則通常會往創業路線發展。唯獨廉貞需要擔心廉貞化忌會想炒短線發展。

十二●○武曲星 努力勤奮的正財星

武曲本身就是財星，放財帛宮可以說是最好的宮位了，無論化祿、化權，都算是不錯的配置，即使化忌也僅是對錢財沒有安全感，運限如果走得好，反而會因此產生賺錢的動力。比較特別的是如果化科，反而會因為太過注重面子，以及少了武曲務實的特質，所以會有破財的機會，把錢拿出來給人看（化科），當然就容易破財了。因此，武曲在財帛宮一般都會解釋成適合務實的理財，至於常見的武曲適合從事軍警職務才好賺錢，其實是一種錯誤的說法，只是因為相對來說這樣的工作比較單純，一板一眼，所以只要是踏實的工作都可以稱適合武曲，也因為如此特質，所以只要武曲不遇到煞，通常可以穩定地有不錯的財務收入。

因為武曲是財星，所以在命宮跟財帛宮這兩個宮位，最能夠展現武曲的特質。

要了解武曲各種組合在財帛宮，只要將命宮對武曲解釋，改成這個人對於理財的態度就可以了。

1. 武曲、天府同宮

武曲雙星的組合中，「武曲、天府」可以說是最有理財能力的組合，當然這要配合遇到化祿或祿存，讓耿直的武曲可以擁有好的規劃財務能力。

2. 武曲、天相同宮

「武曲、天相」的組合，對宮是破軍，所以用錢態度務實與浪漫夢想並存，只要不遇到煞、忌，一樣善於理財，可以理性規劃自己的財務狀況，遇到煞、忌當然就容易出問題。

3. 武曲、破軍同宮

「武曲、破軍」的對宮是天相，跟「武曲、天相」相比，一個是重視規劃來完成內心的夢想，一個則因為跟破軍同宮，花錢不手軟，不過會有個天相在對宮的底線，只要內心的天相沒有出問題，不會希望有過度的理財態度，與用錢不受控制，基本上一樣會不錯。

4. 武曲、七殺同宮

「武曲、七殺」則要擔心如果有煞、忌進去，容易跟人發生財務糾紛，因為自己對錢財的態度過於固執，當運限造成財務問題出現時，問題也容易變大。

5. 武曲、貪狼同宮

「武曲、貪狼」則是武曲星的好格局，只要不遇到煞、忌，通常創業機會很大，而且也具備這樣的能力，只怕如果太年輕就創業，會讓自己忽略了風險。畢竟有貪狼星的加持，武曲增加了各種知識，也加強了理財能力，但是同時增加了對錢財的慾望，當慾望來了往往跟著煞、忌，因為真正的慾望無法控制，是連帶著煞、忌的，也因此就容易敢賺敢花，卻無法守住財富。

6.／武曲對宮為貪狼

武曲單星對宮是貪狼，可以說是前面討論武曲星特質的最佳組合，最像所有對於武曲星的形容，儘管內心有著貪狼的慾望卻相當務實，並且因為貪狼的學習能力，會願意為了賺錢而努力學習。

武曲星在本命財帛宮小練習

武曲是正財星，所謂正財就是一步一腳印，很務實地靠自己的勞力跟能力賺錢，但是哪個組合適合賺偏財呢？

解答／ 首先，所謂偏財，相對於正財的武曲來說，就是可以輕鬆不勞而獲，例如股票的利息、房租等等，當然如果是專業的投資家或包租公，這又變成是正財了。一般來說，武曲都不太適合，只有幾組雙星組合，例如「武曲、天府」有天府好的規劃能力，「武曲、貪狼」有貪狼的學習能力，可以讓武曲擁有這些理財投資的技巧，其他組合雖然也都有機會，卻具備了比較高的風險，例如「武曲、天相」，也會希望有好的理財規劃幫助賺錢，但是天相遇到煞、忌的風險太大了。

(十三)廉貞星

巨富與破財合體

廉貞有沒有遇到煞、忌，特質會落差很大，這在每一個宮位都會如此。因為廉貞化氣為囚，所以古書上會有所謂「財與囚仇」，說的是廉貞放在財帛宮，可能理財能力有問題，幾乎是天生的財運就不好；但是同時又說廉貞在財帛宮會因為穩定理財，在中年後會有積聚錢財成巨富的特質；也有說法是廉貞可以在好的時間放手一搏，一次擁有好的財富。這一切說法都來自廉貞星的特質。化氣為囚往往容易被誤解成囚犯，事實上「囚」是指對自己的限制，以自己的規則對於自己有一定的限制要求，將慾望囚禁起來，這個被關起來的情況，若關得好，少了因慾望衝動而造成的不當用錢觀念，當然就可以在中年後累積財富。也因為這樣的特質，當然適合在好運來的時候衝一把、賭一下，因為有基本的控制能力，所以有很好的機會。不過因為廉貞星害怕煞、忌，所以當煞、忌出現，打破囚籠的時候，慾望一旦奔放而出，連帶著引發廉貞本來就具備的聰明機智，但是如果慾望用在炒短線上，就會容易因為慾望跟衝動，讓財務出現狀況。這就是為何對於廉貞有如此多不同的解釋。

廉貞也代表了強大的磁場，很適合利用自己的魅力獲取很好的賺錢機會，所以適合在於各類跟人際、人緣有關係的賺錢方式。因為廉貞是五鬼星曜，所以願意將錢財花費在學習跟累積身心靈與宗教知識。

1. 廉貞、七殺同宮

廉貞星的組合裡，「廉貞、七殺」因為對宮有天府星，是放在財帛宮最好的組合。廉貞天生的聰明與七殺的理智，跟天府的謀略是最佳的金融人才，只要有廉貞化祿或是遇到祿存，無論在哪個行業都會有很好的能力。但是如果廉貞化忌，則可能會遊走灰色地帶獲取財富。

2. 廉貞、破軍同宮

「廉貞、破軍」則需要讓破軍化權，否則廉貞遇到煞、忌，就容易爆衝成為理財一直出問題，因為破軍的慾望影響了廉貞跟對宮的天相，會有打破規則的理財態度，當然就容易發生事情。

3./廉貞、貪狼同宮

「廉貞、貪狼」同宮，則容易為了賺錢不擇手段，畢竟這是一個容易化忌的雙星，也是一組都怕煞的雙星，因為廉貞遇到貪狼是桃花星，也表示適合從人際關係跟業務方面來賺錢。

4./廉貞、天相同宮

另一個怕煞、忌的組合是「廉貞、天相」，如果在財帛宮遇到煞、忌，雖然希望能夠穩定理財，但往往會挑錯理財工具，容易跟人或自己在錢財上有法律問題。

5./廉貞、天府同宮

「廉貞、天府」是廉貞星系最穩定的一組，即使遇到煞、忌，也不會讓自己陷入財務問題，如果有化祿或祿存，就完全符合廉貞星所謂積聚成巨富的特色，並且是一個善於打理財務的人。

廉貞星在本命財帛宮小練習

廉貞星害怕煞、忌的特質，容易讓自己在財帛宮裡有廉貞的時候發生財務問題，所以才說「財與囚仇」。請問怎樣的組合可以解決這個問題？

解答／

廉貞遇到化祿或者祿存的時候，會形成廉貞清白格，在遇到煞、忌的時候，會展現廉貞清廉的一面，不至於走偏鋒，讓慾望征服自己。而廉貞天府因為天府星可以節制煞星，所以也有一定的控制功能，這兩個組合才能阻止廉貞遇到煞、忌產生，因為慾望而產生的財務問題。

十四 ● ○ 巨門星
金錢給予安全感

黑暗的巨門所在的宮位，都會造成對該宮位的相關事情沒有安全感，除非太陽在旺位可以將它隱藏。不過當巨門在財帛宮的不安全感並不一定代表小氣，比較像是覺得自己身邊需要有錢，也不一定是具體指錢的多寡，單純就是心理因素。這也是為何巨門在巳位的組合適合從事灰色地帶的行業，因為那個位置太陽落陷，沒有安全感的特質再加上某些運限的搭配，就可能讓人願意接受賺錢的收入來源不見得那麼符合世俗價值，例如情色業、賣盜版光碟、地下樂透、路邊攤、國外代購等。其實我們生活中有很多行業遊走在法律灰色地帶，畢竟各朝代法律不同，甚至各國法律都不同，這個年代合法的以前可能非法，這個國家非法的換個國家可能合法，所以不能完全用是否違反法律來看待。

巨門也有口舌的意思，並且通常代表博學，常被引申為很適合跟嘴有關係的生財方式，例如和吃喝有關的行業，像是餐飲業。用言語與人溝通的行業，例如律師、命理師、心理輔導師、業務、教育行業。花錢的方式則因為不安全感所以偏向保守，至於適合哪一些賺錢方式，以及如何保守，則需要看對宮。

1. 巨門、太陽同宮

「巨門、太陽」同宮，當然要看太陽在旺位還是落陷位，旺位的太陽會類似巨門在亥的明日驅暗格，能言善道聰明博學，並且對人在錢財上算大方，不大方怕人覺得自己好像對錢沒安全感很小氣。只要是跟人有關的的行業，都適合這個組合。太陽如果是落陷位，則會對金錢較為保守，其實可以做的事情跟旺位的相同，只是容易行動力不足，比較希望賺錢能夠簡單輕鬆一點，當然就很容易考慮灰色地帶的工作。巨門在巳位，太陽在亥是落陷位的組合，不會小氣，但是願意接受灰色地帶行業，並且更加適合與人接觸的行業，是情色業的最佳組合。

2. 巨門對宮為天機

對面是天機時，因為天機邏輯好、善於思考，福德宮又是來財的方式，跟計算邏輯有關係的都很適合，有很好的數字觀念、花錢要盤算過，當然遇到煞、忌時也會亂花錢，命理業、律師、會計師都相當適合。

3. 巨門對宮為天同

對面是天同，會因為天同的特質，餐飲、教育類都適合，但是因為天同的緣故，最好不要找需要到處跑的工作，花錢的態度是只要跟吃喝玩樂有關就不會太小氣。

巨門星在本命財帛宮小練習

巨門很重視太陽，在財帛宮太陽是落陷位時，願意接受法律上與社會價值上灰色地帶的賺錢方式。請問，放高利貸對巨門來說，哪一個組合比較適合？

解答／

其實無論是財帛宮的賺錢方式，或是後面官祿宮說的工作行業，我們都常被誤導，用行業來區分，銀行業、軍公教、運輸業，其實每個行業都不會只有一個單一項目的工作，所謂銀行業，到底你是投資者，還是管理者，還是業務、櫃檯服務人員，或者是門口警衛呢？所以我們該以工作內容來看待，因此適合放高利貸的，當然除了太陽落陷之外，要看他是在放款的哪個部門，例如天機在對宮的，比較適合做放款的財務計算跟獲利模式的設定；對宮是太陽的，與落陷太陽同宮，因為適合跟人有關係，當然就適合當業務尋找客戶，以及去討債了。

第七章

疾厄宮——

承載我們度過風浪的人生寶船

觀念建立

代表身體疾病的疾厄宮，對於星曜的解釋，會有不同於前面的解釋邏輯。

疾厄宮在本命盤上有兩個涵義，其一是身體的長相，資料源自紫微斗數全書裡的「形性賦」，紫微斗數中對於各星曜的個性跟長相都來自這一篇，其二是天生的體質狀況，例如巨門代表支氣管，所以通常巨門的人天生支氣管與鼻子比較容易有問題。

對於真實發生疾病的判斷，例如去年中風，前年出車禍這樣的事，則需要利用運限盤去看，不能單純用本命盤，本命盤說的只能是天生的身體狀況，因為身體狀況衍生出來的個性跟外表，以及對待身體的態度，例如「紫微、破軍」在疾厄宮，通常老年之後身體虛弱，如同我們在財帛宮表示自己對錢的態度，疾厄宮也會是我們對自己身體的態度，我們覺得自己的身體是「紫微、破軍」這樣一個帶著軍隊的皇帝，自然是不斷操勞，當然「紫微、破軍」的身體通常也很強健，所以年輕時很強健，但是方法不對地過度使用，年紀大了就容易身體虛弱。

很特別的是，一般來說，不好的煞星在疾厄宮卻不見得不好，例如擎羊星在疾厄宮通常身體很強健，鈴星則是身體的耐受度很好，不怕吃苦勞累，甚至不怕痛，火星缺點是火氣太大、個性急以外，通常身體也算健壯，而且以上幾個星曜如果在疾厄宮，通常外型很吸引人，唯獨陀羅星在疾厄宮，皮膚容易有問題，並且沒辦法增添長相的美感。

因為本命盤疾厄宮不直接代表生病，所以這一章主要介紹長相跟天生的體質情況，這個部分需要包含疾厄宮、父母宮、命宮跟遷移宮，也就是說這四個宮位都會依照星曜的特性，對外表跟身體特質有影響。當然主要是以疾厄宮跟命宮為主，畢竟命宮統管十二宮，每個宮位的解釋都可以套用在命宮上，疾厄宮也不例外。至於真正疾病的發生，因為有一套專屬的推算方式，未來有機會再加以介紹。

在紫微斗數中關於長相的解釋，主要是以疾厄宮跟命宮，再來是對宮的父母宮跟遷移宮為主要結構，以及相關宮位的三方四正做調整，並且以這四個宮位其中星曜較為強勢的宮位為主。例如巨門在子位，疾厄宮是「紫微、破軍」，「紫微、破軍」是強勢的組合，所以這個人的長相會以紫微為主，但是巨門下顎較寬的特質一樣會有，可以想像成一個主要日式風格的房子加了一點法式風格。所以一般單純依照「形性賦」解釋星曜，直接對應長相還是會有失誤。再者，形性賦裡面的內容，主要還是以華人以及長江中下游兩岸的人種為資料基礎，所以能夠推算的長相受限於這些地區，因此還需要考慮遺傳問題。

關於疾病的天生體質問題，紫微斗數也要看疾厄宮跟命宮並加計對宮的影響，而紫微斗數的身體特質概念來自中醫五形，中醫以木、火、土、金、水五行對身體五臟六腑分類，分別是肝、心、脾、肺、腎，各臟器成為一個系統，例如火是心，心的系統包含整個心血管，不只是心臟（見圖三十三）。

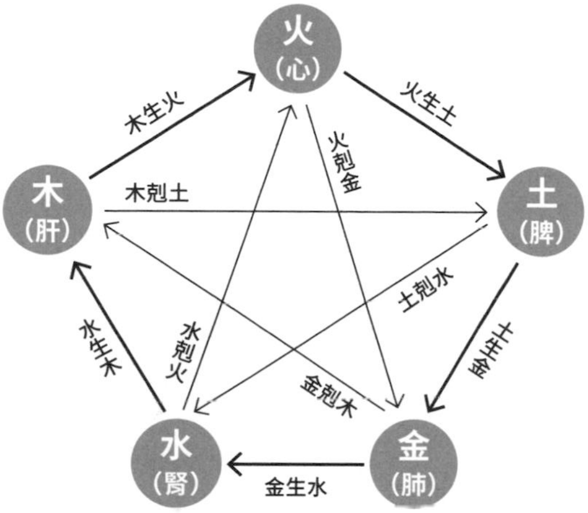

五行	身體							
	五臟	五腑	五體	五竅	五華	五志	五液	五脈
木	肝	膽	筋	目	爪	怒	淚	弦
火	心	小腸	脈	舌	面	喜	汗	洪
土	脾	胃	肉	口	唇	思	涎	緩
金	肺	大腸	皮	鼻	毛	憂	涕	浮
水	腎	膀胱	骨	耳	髮	恐	唾	沉

圖三十三／五行生剋圖，和對應的五臟六腑、五華五表

關於先天體質，可以依照這幾個宮位內的星曜五行，對應中醫認知的五行，知道我們哪個臟器的效能比較差，例如疾厄宮有紫微，紫微屬陰土，脾胃屬土，所以脾胃不好。如果是雙星，就兩個都解釋，例如「紫微、破軍」，一個屬土、一個屬水，所以是脾、腎不好。另外，除了五行，會再依照各星曜的設定加上紫微斗數專屬的含意，例如天機屬木，通常是肝比較差，但是天機的木也有樹枝的概念，所以被引申成四肢。但是所謂不好，指的是天生比較差，因此不見得馬上會看出來，例如天機的人骨頭相對差，但是在年輕的時候不見得看得出來，隨著年紀愈來愈大，骨頭的情況就會很明顯。

另外，紫微斗數還依照十二宮做出身體的分布圖（圖三十四），並且可以依照宮位對應星曜，找出自己身體的問題，這在運限上可以利用運限疾厄宮所在位置，如果遇到煞、忌，並且對應裡面的星曜，就可以知道這個時間點裡需要注意什麼。重點是我們需要知道十二宮對應的身體位置，例如太陽代表眼睛跟心臟，如果太陽在未位，那是頭部，代表眼睛；如果太陽在辰，那是胸部，代表心臟、心血管。因此如果流年疾厄宮在未，有個擎羊跟太陽同宮，太陽還化忌，那年可能眼睛會有問題。（見圖三十五）可以用這個方法簡單地依此類推。

圖三十四／

十二宮人體分布圖

巳 右手	午 頭部 精神 神經	未 頸部 淋巴	申 左手
辰 胸部			酉 背部 心臟
卯 腹部 腸胃			戌 腎臟 卵巢
寅 右腳	丑 肛門	子 生殖器 膀胱	亥 左腳

不過如果太陽出現在亥呢？那裡是左腳，並沒有太陽適合的解釋，這時太陽的問題就會變成隱性的，比較可能因為血氣不順暢影響四肢，或者可以用更高階的宮位手法去查，但是因為本書以本命盤為主，所以就不再詳述。

圖三十五／
太陽在未與辰範例圖

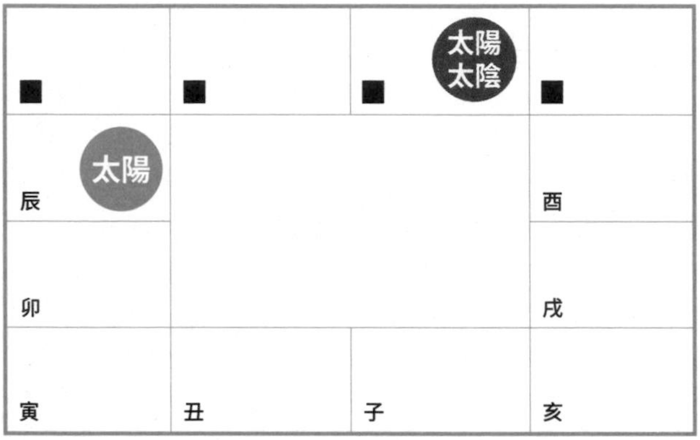

一●○貴氣紫微星

紫微星特質在於貴氣的外表，額高、下巴厚、眉毛柔順，中年後男性可能前額微禿，男、女腹部跟後背都會加厚，通常眼睛有神，這個特質主要是紫微星單星對宮貪狼，如果雙星會受到旁邊的星曜影響。

紫微各雙星組合中，「紫微、七殺」因為受七殺影響，女性下巴會比較尖、容易有酒窩，也是紫微星組合中相對比較會在中年後發胖的，通常也身體強健，並且很有意志力，能夠勞動身體，肺比較差。「紫微、破軍」因為破軍影響，大眼、眉毛比較濃，中年後腹部比較大，但是禿頭問題會減少，對於身體健康比較不在乎，所以中年後容易有糖尿病等富貴病，因為紫微屬土，所以長年的腸胃不好容易有腸躁症。「紫微、貪狼」相對於七殺或破軍的組合，因為貪狼的桃花星特質，降低了紫微星容易散發一股較為高傲不好親近的氣質，也是受貪狼影響，臉會較圓有肉，眼睛圓，五官細緻，但是也因為貪狼不同於七殺跟破軍的特質，這個組合較不會勞動身體、不照顧身體，除了脾胃、肝腎需要注意，會有糖尿病機會。「紫微、天相」，因為天相的影響，身形通常瘦高，除了脾胃以外，需要注意內分泌系統的問題。「紫微、天府」，常因為脾胃問題造成中年後身體的慢性病，長相因為受到天府影響，下巴較為寬厚，眉毛也比較濃，眼睛非常有神，男生會有點眼凸。

二 ●○ 雍容天府星

天府星長相特質，男性額頭高而且方，下巴也較寬厚，女生則成年後呈現雍容華貴的樣子，通常大眼、鼻頭顴骨圓潤豐滿，如果再加上桃花星，女性通常相當美麗，並且貴氣，無論男女，中年後都容易有雙下巴，並且腹部厚實，許多特質很像紫微星，差別在於眉毛，天府的線條比較銳利，顏色也較濃。額頭部分，紫微是圓的，天府是方的。天府屬陽土，如同紫微一樣有脾胃問題。

（三）精明天機星

天機星屬木，代表肝，善於思考的天機通常消化不好，不容易胖，在斗數中還代表骨頭，而天機的聰明樣子跟面相學上說的學者幾乎是同一個樣子，額頭高下巴尖，倒三角的臉型，這種臉型以女性來說就是很典雅的亞洲美女，但是也因為這樣的下巴，有時候會讓牙齒有點問題。

天機星如果跟太陰星一起，無論是同宮或對拱，因為太陰的桃花特質，都會讓天機星的組合相當美麗，優雅而具女人味，男生也會是清秀的外型，太陰在旺位的時候，男生會偏白、女生偏黑，在落陷位則相反。也因為太陰星通常眼眸清澈，身體的問題可能是眼睛視力不佳，年紀大以後容易有白內障。因為太陰星的關係，女生手腳四肢容易冰冷無力，男生則年紀大以後會有這樣的情況，這是因為天機星。

天機跟天梁同宮，通常是瘦瘦高高，對拱則不一定，但是除非有其他因素，否則通常不會胖，這個組合的特質，男女生都容易讓人感覺有安全感，「天機、天梁」同宮的會害怕遇到煞星，遇到了容易四肢受傷。如果是對拱，則容易脊椎有問題。「天機、巨門」的組合，如果同宮，可以單純地用天機跟巨門的特質去看，「天機、巨門」對拱，則在四十歲後容易發胖。女性無論是「天機、巨門」或「天機、天梁」，都需要注意因為骨盆影響子宮的問題，腰痠難免，需要注意少受風寒。

四 陽光太陽星

太陽星屬火，代表心臟跟心血管系統，也代表了眼睛。長相特質旺位的太陽女生白皙、臉圓。落陷位則沒有那麼白皙，臉也不會那麼圓，男性則看來相當陽光，無論男女通常都大眼有活力，女性身材容易上圍豐滿，並且通常都高挑、骨架粗。

「太陽、太陰」同宮的需要注意在中年後有心血管、中風問題，尤其如果跟文昌、文曲同宮的組合，眼睛容易不好。太陽跟天梁同宮或對拱，長相較為中性，男女生都會有成熟的書卷氣質。

五 柔美太陰星

代表女性的太陰星，屬水，女性通常容易有婦科問題，無論男女性，腎通常都比較弱。長相部分，女生甜美，圓額頭、有美人尖，男生秀氣，並且男女兩眼都黑白分明，很有靈氣，女性通常薄背削肩骨架小。因為月亮有陰晴圓缺，如果初十到初二十月圓的時候出生的人，臉容易偏圓，其他偏尖。太陰因為是好享樂的星曜，通常也會比較注意養生，不會太過操勞自己，除非遇到煞、忌。最後一點，因為太陰是媽媽星曜，所以通常女性容易屁股偏大，這個現象最容易發生在「太陰、天同」的組合裡面。

六、圓潤天同星

脣紅齒白是天同星的重要特色，屬水的天同星，女生命盤一樣需要擔心容易有婦女病。許多人看到天同星，都覺得應該是胖胖的，其實不見得，通常是豐腴但不見得胖，也就是面相書上說的瘦不見骨，當然因為天同星的體質容易發胖，所以中年後需要注意確實會有發胖的狀況。天同的臉型通常眼睛圓圓，看起來天真無邪。

跟天梁的組合，如果是同宮，則看起來成熟一點，對拱的通常身材高。「太陰、天同」的組合有很高機率是美女，無論是同宮或對拱，但是同宮的容易有白帶這類婦科問題，對拱的如果遇到煞、忌，婦科會差一點。無論男女都有糖尿病的機會，並且因為腎主管耳朵跟牙齒，容易有牙、耳比較差的問題。

七 中性天梁星

天梁因為是老人星特質，所以跟天梁有組合的星曜，通常長相會中性一點。中性並不是陰陽不分的意思，而是女生帶點英氣，男生像長輩般成熟，男性容易額頭高。天梁星雖然屬土，但是除了脾胃以外，還代表骨頭跟神經系統，但是這裡的骨頭通常說的是大的骨頭，例如大腿骨或脊椎，神經系統說的，也比較是這一方面，並且無論男女身材都偏高。

八、剛毅七殺星

七殺星的長相特質在於鼻子高聳，面相上鼻子高聳的人通常意志力堅強。女性通常會有酒窩，肩膀較窄。男女都有眼睛較圓禿，跟眉稜骨較高的情況，但是因為對宮是天府星，通常都會是俊男美女。因為七殺的性格，算是很能吃苦，願意讓身體支持自己的行為，也就是能熬夜、能勞動。七殺屬金，金屬肺，肺主管人的皮膚水分，所以通常皮膚較乾燥，也有肺跟氣管的問題以及容易過敏，如果跟煞星同宮臉上有疤。

九 圓眼破軍星

破軍星屬水，腎的問題以及女性需要注意子宮問題，通常眼大、圓，因為對宮是天相星，所以身材勻稱。皮膚偏白，男女生都帶著英氣，也通常都是俊男美女。對待身體的方式，也容易受到破軍影響，會不顧一切操勞，中年後需要注意慢性的肝腎疾病。

十　厚唇貪狼星

貪狼星是最大的桃花星，一般人會直接將貪狼星認為是美貌的星曜，其實貪狼的桃花特質來自個性並非外表，貪狼這個星曜起源來自南亞，所以其實會帶著一點異族的五官特色。貪狼通常唇厚、眼圓，兩眼較開，顴骨有一點點高，皮膚偏黑，五官立體。五行屬木，需要注意肝的問題，並且也是一個在年輕時很能夠為了玩樂願意操勞身體的星曜。

(十一)●○結實武曲星

武曲星的外表特質是骨架粗，兩眼有神，顴骨高，但是如果有桃花星同宮，則比較看不出顴骨高。武曲屬金，一樣是肺跟氣管問題，容易過敏、皮膚乾燥。但是因為骨架粗大，稱得上體格強健，但是不一定高大。通常相對比例來說寬頭骨大，命理上所謂大小都是跟自身比例相比的。當然這樣一個耿直的星曜在疾厄宮，對於自己身體的態度也是很願意勞動的類型。

（十二）西洋廉貞星

傳統上許多書籍都說太陽星有混血兒的樣子，其實是因為旺位太陽的人大眼、皮膚白，如果以現代的眼光標準來看，應該是廉貞星更像混血兒，廉貞的長相特質在於五官立體，額骨高聳、鼻高、皮膚白、大眼、眉毛較開，嘴唇相對厚但是比貪狼薄，下顎骨比較方，身材偏高，並且因為廉貞星遇到桃花星會轉為桃花星，所以廉貞星組合裡，「廉貞、破軍」，「廉貞、貪狼」，「廉貞、天相」，無論是同宮或對宮都算俊男美女。

「廉貞、天府」三方四正有桃花星，會相當貴氣美麗。「廉貞、七殺」則是男生有霸氣，女生有英氣煥發的特質。

而廉貞在身體疾病上，因為代表磁場強大的五鬼星，所以在父母、疾厄、兄弟、命宮，家族都有可能具有癌症基因，當然有癌症基因不一定代表會有癌症，只是機率相對提高很多，真正是否發病需要看運限的情況。

十三 優美天相星

天相是一個重視自己門面的星曜，所以天相外表的特質是修長的身材。看身材修長有一個技巧，畢竟人可能因為運限的關係影響胖瘦，但是天相的人，除非因為生病，否則如果只是因為生活飲食，無論再怎麼胖，手腕骨、手指頭都會是修長的，是標準的模特兒身材、四肢修長。天相屬水，腎當然可能是身體問題所在，但是天相也有人際網絡的概念，所以在人的身體上，也代表了內分泌與淋巴還有筋膜的意思。

十四 ●○ 暖男巨門星

巨門在形性賦裡的形容是敦厚溫良，說的是巨門在太陽是旺位的時候，少了巨門的黑暗，多了溫厚敦良的暖男五官，因為巨門的疾厄宮一定是紫微，所以紫微星的貴氣，也會影響巨門。巨門的下顎也如同廉貞較寬，兩者相較，巨門更是明顯，廉貞會受旁邊的星曜影響，例如「廉貞、七殺」，下顎的寬就會減小，但是巨門則幾乎都會如此，也因此會有牙齒不好的問題。巨門屬水，腎容易有問題，所以痛風、糖尿病、腎結石都是成年後常見問題。

巨門代表腎的問題，也會依照星曜組合不同而有所不同，跟天機星的組合通常會影響骨頭，跟天同星的組合，糖尿病、牙周病是常見問題，跟太陽的組合容易有眼睛的問題，如白內障。而巨門也代表大嘴巴，所以從嘴延伸的支氣管跟肺也會有所影響，所以巨門是容易感冒的體質。

疾厄宮總結

雖然疾厄宮會有代表天生身體較弱部分的體質問題，但是並不表示會有生病的機會，通常會有生病機會可能在於運限盤的命宮走到本命疾厄宮，加上裡面有煞、忌或四化，才表示身體可能出問題，並且依照宮位內的星曜來判斷是什麼地方出問題，例如本命疾厄宮天機在丑，有一個陀羅星，剛好流命也在那裡，這個位置的天機星對宮是天梁星，表示脊椎的部分，通常未位是頸椎，丑位是骨盆與脊椎銜接處，而陀羅在丑，陀羅是皮膚外傷撞傷，表示這個流年骨盆可能有撞到受傷的機會，這是從疾厄宮看待身體生病的基本概念（圖三十六）。

圖三十六／

流年命宮重疊本命疾厄宮

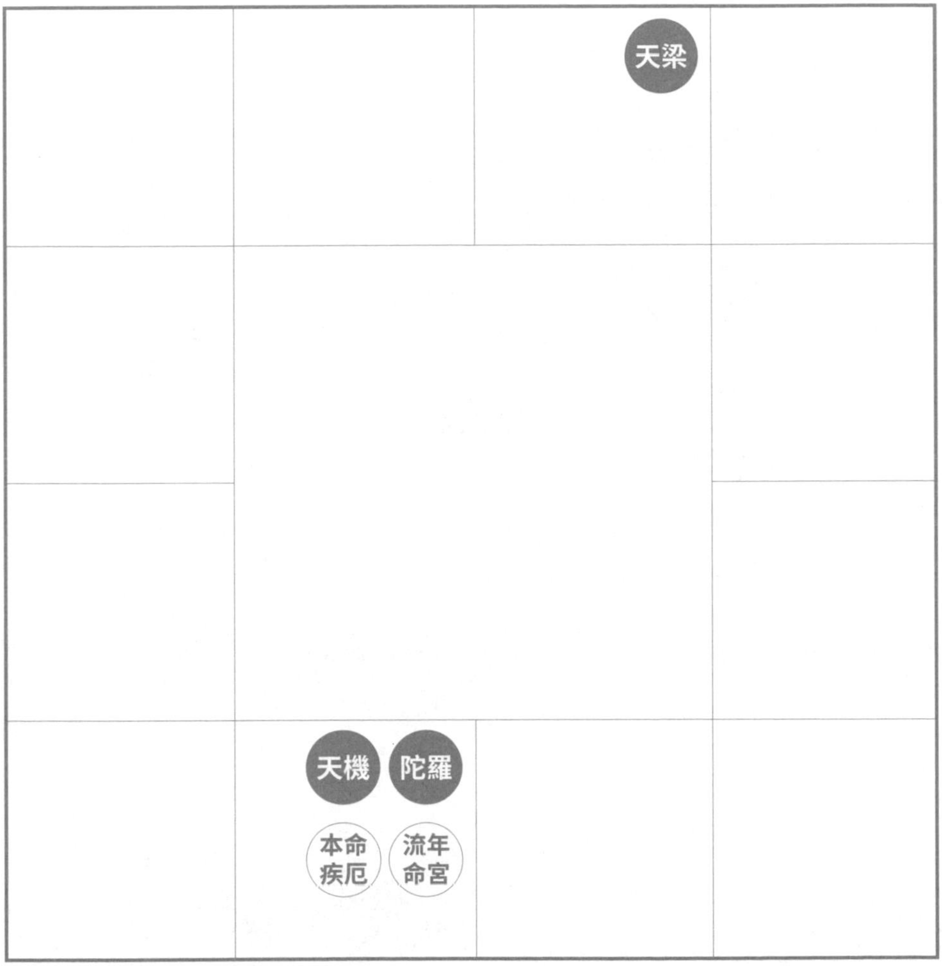

第八章

遷移宮——面具與面具下的世界

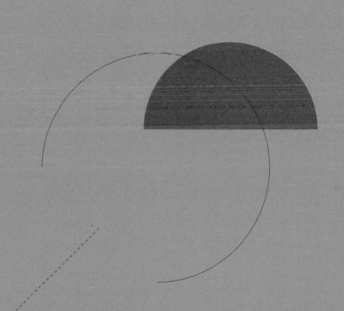

觀念建立

遷移宮具有內心與外在表現的兩層涵義，也因為這兩個涵義，常讓人搞不清楚為何遷移宮同時代表了兩個意思，其實是會因為我們內心的隱藏想法，會轉為顯露在外給人的感受，例如，遷移宮為貪狼星的人，內心會有滿滿的慾望，讓他希望可以擁有很多，從哪裡擁有很多呢？從大家對他的看法以及別人的觀感上，所以他會對人很好。與人親近這樣的態度讓貪狼一直是個跟所有人都很好的星曜，也因此有大桃花的稱號，這個特質來自於他慾望的內心。我們不自覺隱藏的事情，最後呈現出來外顯給別人看，只是換了一個樣貌，這就是遷移宮同時具備內心與外顯特質的原因。

一●○紫微星 存在內心的皇帝

紫微的中心價值是尊貴，依照各種雙星的組合跟對宮星曜的影響，來證明自己的尊貴價值。

1. 紫微、七殺同宮

「紫微、七殺」因為受到七殺堅持個性的影響，以及對宮天府重視自己權益與王國實權的價值，讓紫微的尊貴來自能夠真正掌控一切，這樣的內心聲音讓他展現在外會較霸氣跟強勢，如果沒有足夠的吉星或者加上桃花星，可能就會比較孤寡。

2. 紫微、破軍同宮

「紫微、破軍」則受到破軍追求夢想的影響，紫微的尊貴認定在於能否完成自己的想法，對宮的天相表示重視人際網絡與規則，因為這樣的內心，對外展現出來紫微破軍外在的表現，會是重視人際關係，所以通常會是群眾中能夠用夢想來引導大家的人。

3. 紫微、貪狼同宮

「紫微、貪狼」對宮是空宮，是表裡如一的表現，內心希望擁有許多生活夢想，各種不同的人生體驗是他覺得有尊貴人生的表現，因此雖然有著紫微的嬌貴氣質，但是與人為善，喜歡學習是他給人的印象。

4. 紫微、天相同宮

「紫微、天相」則是因為天相星影響，重視自己內心的規則是覺得自己與眾不同的地方，這樣的規則因為天相的人際關係特質，展現在外是對人的幫助跟重視人際關係，如果遇到煞、忌，這重視人際關係就會變成利用人際關係，當然就容易惹出人際關係上的麻煩。

5. 紫微、天府同宮

「紫微、天府」的重點是面子、裡子都要，在遷移宮可以看成內心覺得自己的尊貴來自可以掌握人生，並且為人生做出努力，這樣的特質展現在外給人的感覺，就是不服輸但是一樣要保持尊貴氣質的樣子。

紫微星在本命遷移宮小練習

紫微在遷移宮，哪一個組合人緣最好？

解答／

「紫微、貪狼」同宮的組合，懂吃喝玩樂，很有生活情趣，因此也容易有好人緣。

二 ●○ 天府星

內心期盼著自己的王國

天府「化氣為權」這個說法常讓人只把天府解釋成字面意義的「權力」，其實「權」是掌握的意思，所謂權力必然是可以掌握一切，才叫作有權力，所以天府會被形容成有謀略、有計畫，因為這些行為跟個性都是希望掌握一切的人會有的特質。當天府在遷移宮的時候，內心希望可以掌握一切，希望有個自己的小王國，所以對外會展現出很有氣度、大方，並且清楚知道該如何掌握對外的關係，讓人感覺是個非常好的領導者，是群體的領袖。天府對宮分別有「廉貞、七殺」，「武曲、七殺」，「紫微、七殺」。

台。

1.／天府對宮為廉貞、七殺

「廉貞、七殺」的組合會重視自己的想法能夠貫徹，也重視有自己的人生舞台。

2.／天府對宮為武曲、七殺

「武曲、七殺」會使天府讓人覺得重義氣講信用，無論男女都是非常好的朋友，而且對於金錢很大方。

3.／天府對宮為紫微、七殺

「紫微、七殺」則因為紫微的特質比較重視自己，所以雖然知道在外要展現出領導者的風範，但是難免較不容易與人親近，對外與人的相處也會希望挑選較有社會地位的對象。

天府星在本命遷移宮小練習

天府星在遷移宮時，因為內心總是有所謀畫，所以對外大器大方，請問哪一個組合最不符合這個條件？

解答／命宮「紫微、七殺」，遷移宮天府的組合，因為紫微帝星的尊貴感覺，所以即便知道應該表現大方，但是骨子裡難免有高傲的氣息。

三 天機星

永遠停不下來的內心

天機是個思考跟邏輯的星曜，當這個星曜在內心的層面，通常表示這個人心中會有許多小劇場跟想法，隨時在腦海中浮現各種對於人生以及生活中大小事情的相對應劇本，這也常是天機在遷移宮的人睡眠不好的原因，因為想太多。

這樣的內心世界展現出來在外的樣子，通常會讓人覺得相當聰明，但是又不會如天機在命宮的人，因為在命宮會直接影響十二宮，所以各種事情都會受天機的特質影響。在遷移宮，只會因為內心影響了外顯的個性，不會如天機在命宮那樣太過於讓人覺得聰明不好親近。

1. 天機、太陰同宮或對拱

「天機、太陰」無論同宮或對面是太陰的對拱情況，因為受到太陰星影響，這個聰明且有桃花幫助會讓他變得心思細膩，因此展現在外，也會有很好的桃花緣。

2.／天機、巨門同宮或對拱

「天機、巨門」同宮因為受到巨門影響，會有著很喜歡享受孤獨的內心，也因此顯現出來聰明而不易與人親近的樣子。若是單純天機對面是巨門，這樣的情況會降低，但是一樣容易讓人覺得太聰明，並且口舌鋒利。

3.／天機、天梁同宮或對拱

「天機、天梁」的組合受到天梁星影響，個性老成穩定，天機的思考在這個組合裡變成了因為天梁的學識豐富而較成熟深思，所以展現出來給人一種信賴感。天機單星，而天梁在對面，會因為並非同宮，讓人感覺急公好義，有行動力。

天機星在遷移宮還有很有趣的事，因為天機善於行動、想法很多，所以一旦天機星化忌，會想太多，常常容易迷路，畢竟一邊走路、一邊想事情，當然就會失去方向感。

天機星在本命遷移宮小練習

天機星代表骨頭，在遷移宮還有個有趣的小問題，想想會是什麼？

解答／ 天機星代表骨頭，如果在遷移宮而不小心因為運限有煞星進來，同宮或者對拱，往往會因此影響四肢的骨頭，所以常常會有跌倒跟撞傷的問題。

四 ●○ 太陽星

心中有著一把希望為大家點燃世界的火

太陽有個特質叫作「喜照不喜坐」，說的就是太陽在遷移宮會比在命宮好，因為在命宮等於是處處燃燒自己照亮別人，也因為太陽希望一切規則由自己制定，所以女生容易讓身邊的男人受不了。如果是在遷移宮，只是在內心藏著這樣的想法，如同天機星在遷移宮一樣，具備聰明特質，但是不會讓人覺得聰明過頭。內心有著太陽一般的特質，所以會呈現有主見、會領導大家，也會照顧大家，給人溫暖卻不會事事要主導權，因此這個人容易得到大家的擁戴跟支持。這樣的人是最好的政治明星甚至偶像明星，當然最好是太陽在旺位，在落陷位則會有心有餘力不足的問題，並且會有讓人覺得遊走灰色地帶的情況。

1.／太陽、太陰同宮

「太陽、太陰」同宮因為對宮是空宮，無論是在命宮跟遷移宮，都會有讓人覺得表裡不一、難以捉摸的感覺，如果是太陰當命宮，遷移宮是太陽，則少了太陽的強勢，多了太陰的細心跟細膩，異性緣也相當不錯。

2.／太陽、天梁同宮

「太陽、天梁」同宮基本上就是老好人，處處關心別人，也會因此讓人覺得有時候管太多甚至強勢。太陽對面是天梁的組合，如果太陽是旺位，因為具備了領導能力跟服務人的心，是最受尊崇的一個，也是容易往政治或公益團體發展的類型。如果是落陷位，則少了太陽希望獨當一面的情況，相對低調，但是一樣會處處把大家的事情放在心上。

3.／太陽、巨門同宮或對拱

「太陽、巨門」的重點是太陽是否在旺位，在旺位的太陽，散發著無比光芒，對於能夠讓大家依照自己的想法生活，希望可以引領大家的心最為清楚，這時候無論是跟巨門對宮或同宮，都會讓人感覺是個很好的領導人才，公平公正且能言善道，是前面所說最佳的偶像跟政治人才。如果是落陷位呢？一樣具備讓人感覺受到照顧跟容易跟隨的特質，所以就某個層面來說，很適合情色業、心靈產業，這一類灰色地帶的工作。

太陽星在本命遷移宮小練習

太陽在命宮如果是落陷位，個性比較文靜不多話，這樣的特質在遷移宮其實也會有，文靜不多話，對事情的看法比較悲觀，或者比較沒有動力，或者比較會想找非主流社會價值的事情來發展，依照內心影響外在的遷移宮原理，請問是為什麼？

解答／太陽在落陷位的時候，會有心有餘而力不足的問題，所以某個程度來說會沒有自信，不像旺位的太陽信心十足，會有懷疑自己能力跟希望得到許多稱讚的想法，展現在外給人的感覺，就會相對低調、謙虛，甚至沒動力，這也是為什麼太陽落陷還遇到化科的時候，容易變得喜歡讓大家知道自己有多厲害，例如許多人會在名片上面印上一堆頭銜一樣。

五 太陰星

母親的心與女人心

太陰星是以月亮的特色，依照女人的形象被設定出來，當太陰內在的特質細膩，並且善妒，希望守護家庭（這是善妒的原因，害怕自己的家被破壞）這些內在的特質在遷移宮，都會影響著命宮，並且會外顯出溫柔（因為心思細膩）、善解人意，並且因此產生桃花特質，這是太陰在遷移宮的主要情況，但是相同的特質卻會因為對宮的命宮而影響展現的方式。

1. 太陰對宮為天機

太陰對面是天機，受到天機影響，這個遷移宮的太陰會讓人感覺相當聰明，懂得利用聰明在展現桃花魅力上，因此異性緣通常相當好。對宮是太陽，則柔順細心中帶著一點陽剛，是太陰組合裡可以說最有魄力的，也因此這一組的太陰相較之下不會拖泥帶水。

2. 太陰、天同同宮

「太陰、天同」同宮，因為對宮是空宮，可以借到對宮去（見一七〇頁圖三十七）。但是太陰在旺位跟落陷位的「太陰、天同」個性卻不同，「太陰、天同」在子的位置太陰旺位，個性相對單純傻氣，如果在午的位置，太陰在落陷位，會變成比較有女性善妒且陰晴不定的特質，同樣喜好享受的「太陰、天同」，在旺位的太陰雖好享受，但是通常不喜好爭奪，在落陷位的太陰就比較有爭奪心。

如果遷移宮是旺位的「太陰、天同」，命宮借星曜過去，遷移宮內心不喜歡爭奪的特質，讓他展現在外相當有異性緣，但其實本身（落陷位的「太陰、天同」）個性很急，很重視自己能夠得到關愛。反之若是「太陰、天同」在落陷位，但是借過去給命宮的星曜是旺位，這讓遷移宮表現得因為太陰內心的不安與希望被關愛，呈現在外的往往讓人覺得楚楚可憐，處處要人關心甚至任性，感覺好像很多心機，其實是個傻大姊。

圖三十七／

太陰、天同的旺位與落陷位

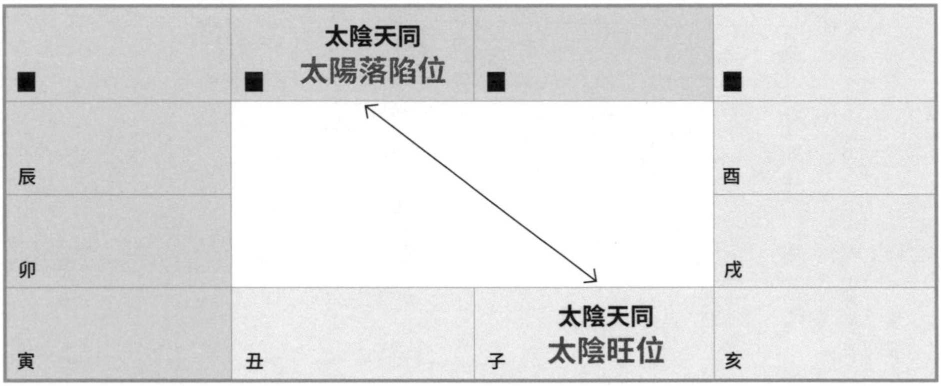

3. 太陰對宮為天同

太陰對面是天同，則因為本身天同在命宮，太陰在遷移宮的內心想法就會偏向不與人計較，這時候會充分展現太陰的女性魅力，卻少了那些諸如忌妒小心眼的問題，除非遇到天同化科跟化權，成為任性的孩子。

太陰星在本命遷移宮小練習

太陰星跟天機星常有不穩定的問題，一個聰明善良，一個有母愛又溫柔有桃花，古書上說這兩個星如果對拱，又遇到其他桃花星跟煞星，容易以身渡人，因為太善良又心軟，加上很有母愛，所以搭配上煞星的衝動，就會用身體到處愛人，這樣的說法當然還需要配合各類運限，有時想渡人就有機會可以渡人。但是排除運限問題，太陰在遷移或是天機在遷移，相同條件下，到底哪一個容易以身渡人呢？

解答／

太陰在遷移宮。因為太陰在遷移宮，對宮天機星本來就是個不安穩的星曜，命宮掌管十二宮，相對來講影響了夫妻宮的感情狀態，再加上太陰內心的母愛跟展現出來外在的桃花，相對來說比較有機會。

六 天梁星

有個老靈魂在內心

如果真的有人內心住著老靈魂，說的就是遷移宮有天梁的人，即使不是天梁為主的雙星組合，都會有這樣的效果。因為天梁成熟的個性，會讓這個人在思慮上，不會像太陰過度纖細，以及天機過度盤算小劇場太多，往往是設身處地為人著想，展現出來的除了如大哥大姊般的氣質，有時候也容易讓人覺得太過老派跟保守。

1. 天梁對宮為天機

對宮是天機的時候，因為天機的機巧跟邏輯與不穩定會少一點。

2. 天梁對宮為太陽

對宮是太陽的時候，因為太陽的影響，這樣老氣橫秋的狀況就會比較嚴重。

3. 天梁對宮為天同

對宮是天同時，會讓原本個性純真，本來感覺孩子氣的天同，給人多了一點安全感。如此的個性展現在外，是喜歡助人以及穩重的氣質，通常也會吸引年紀大的長輩注意，也容易讓這一類的人喜歡他，並且願意給與資源，這也是天梁星在遷移宮，會容易外出遇到貴人的原因。當然天梁代表博學，博學也包含對生命的探究，這樣的內心自然往外也會展現出對這方面的興趣，所以在遷移宮的人往往也會跟宗教或是相關學問，有許多接觸的機會。

天梁星在本命遷移宮小練習

天梁星因為善良個性，有借錢不用還的有趣特質（不好意思向人家要），請問天梁星在遷移宮是否也有這樣的個性？

解答／ 天梁星在命宮會有這樣的個性，是因為命宮掌管十二宮，連帶影響了財帛宮用錢的態度。遷移宮是內心世界，內心會想幫助人，對外也是如此，但是實際的情況卻不一定完全願意，因為他會受到命宮影響，例如對面命宮天機星的人，可能就會希望加點利息。

七 天同星

天真赤子心

天同的特質是純真樂觀和善，對於各種人事物的接受度高，這樣的內心世界展現出來的表現，就是對人總是笑咪咪，不跟人計較，無論任何話題都有興趣，不懂的也會傾聽，在這樣的特質下，讓他擁有很好的人緣跟異性緣，甚至給人一種好學博學的感覺，但是實際的情況當然也需要從對宮來看。

1. 天同對宮為太陰

對面是太陰，會因為太陰的母愛發揮，對人除了上面的特質之外，還多了照顧跟細心，雖然看起來是傻氣的孩子，其實遇到事情很有耐性解決，很願意付出，也願意為了家人犧牲。

2.／天同對宮為天梁

對面是天梁，則是看起來天真隨和，其實做事深思熟慮，相對天同在命宮、天梁在遷移，是個性天真但展現出來成熟的樣子，天同在遷移卻是展現出天真其實個性很沉穩。

3.／天同、天梁同宮

「天同、天梁」同宮，則因為空宮可以借對宮星曜，所以算是表裡如一，天同受天梁的影響，就是個成熟的孩子。

4.／天同對宮為巨門

這個情緒化糾結的天同，在遷移宮也會如同在命宮，內心有很多小劇場，內心的情緒波動總會影響自己的行為，對很多事情放不開，像個任性的孩子，展現出來的狀態就少了前面提到天同因為天真而產生的好人緣。

天同星在本命遷移宮小練習

天同星有個感情上的小問題，因為個性善良天真，常常跟前任情人藕斷絲連，通常只有「天同、巨門」跟「天同、天梁」這兩個組合的機率比較低。請問，如果以天同在遷移宮，對面是天梁，以及天梁在遷移宮，對面是天同，哪一個對於前任情人的追求會無法拒絕？

解答／

天同在遷移宮。因為天梁在遷移宮，內心會有很多考量，天同則容易心軟。

八●○七殺星 不甘心不放手的內心

七殺星的特質在於堅持的意志力，有這樣的星曜在遷移宮，表示對於命宮的價值很堅持，也會因此讓人覺得有某種固執的感覺，連帶著當然很強勢，但是需要從對宮去看他堅持的是什麼事情。

1. 七殺對宮為武曲、天府

七殺對面一定是天府，「武曲、天府」重視物質跟實際的金錢價值觀，展現出來的感覺是這個人在金錢上的一板一眼，說好的就不會變，但也不輕易接受說情。

2. 七殺對宮為廉貞、天府

「廉貞、天府」則對於自己的人際關係跟在外能夠得到的資源相當重視，也會努力經營。

3. 七殺對宮為紫微、天府

「紫微、天府」則因為面子裡子都要，可惜這並不容易，但是七殺的堅持就會讓他在外展現出固執而且不可一世的樣子，這也是為何七殺在遷移最好是在申的位置，因為這個位置太陽是落陷的，會降低七殺的強勢跟堅持力量，反而可以改善七殺在遷移宮產生與人的衝突。

九 破軍星 心中有許多偉大的夢

破軍在遷移宮，內心世界有許多想法跟夢想，因此展現出來讓人的感覺總是熱情且散發魅力，這是破軍身為桃花星的原因。對宮的天相讓破軍不至於亂來，但是要注意天相是不是遇到煞、忌，如果有，那麼天相管不住破軍，則破軍就會從熱情變成讓人覺得無法控制，或者說不按牌理出牌。

十 ●○ 貪狼星 只要我可以 什麼我都想要

貪狼在遷移宮，內心諸多慾望尤其在人際關係上，展現出希望學習跟與人關係良好的態度，因此貪狼在遷移宮會有不錯的好桃花，尤其是異性桃花。因為內心慾望的期待造成外在態度的反應，那麼希望得到人緣的好處，當然就不會破壞人際關係。

七殺、破軍、貪狼在本命遷移宮小練習

七殺、破軍、貪狼在遷移宮內各有特色，請問一個希望選舉的人，哪一個星曜在遷移宮會最恰當？

解答／

貪狼星。貪狼因為內心期待人緣佳，會願意花時間讓自己成為跟很多人都有話題的人，也喜歡學習各類技能，增加人緣，這樣的人相對起來較容易得到名望跟機會。

(十一)●○巨門星 黑暗的內心

巨門是黑暗之星，需要靠太陽照射，無論巨門在哪個位置，都要看太陽是否在旺位，否則就會讓巨門呈現黑暗狀態。巨門的黑暗放在內心的宮位，當然表示內心黑暗，並且沒有安全感，這樣的心情反映在對外的表現上，就會呈現希望得到認同，以及希望要有好人緣，希望被看見，加上巨門代表言語溝通能力，所以如果遇到化權或煞、忌，就容易讓巨門在對外的關係上為了取得認同，反而強勢地用言語與人辯論，這也是所謂巨門星好辯的原因，巨門在遷移宮會外出與人有口舌紛爭，甚至有官非問題的原因，其實這些都是來自巨門內心的不安。太陽在旺位的時候，巨門少了不安全感，可以呈現出巨門少於言詞以及溝通的能力，落陷位的時候即變成不擅言詞或是好辯論，這個部分就要看巨門的對宮是什麼星曜了。

1. 巨門對宮為天機

巨門對宮是天機，這個巨門本就邏輯好，當然也增加了他辯論的能力，太陽在旺位的時候都容易說話得罪人了，更何況在落陷的時候。對面是天同時，因為天同星的純真善良，如果太陽在旺位，巨門諸多的缺點，例如口舌是非、例如多疑，則不會呈現出來。如果是落陷位的太陽，也會因為天同星的個性影響，除非遇到煞、忌，否則只是內心缺乏自信。

2. 巨門、太陽同宮

「巨門、太陽」的組合，如果在寅，太陽是旺位，但對面命宮是空宮，則是看起來熱情有活力、能言善道，其實做事情三分鐘熱度，而且不容易相信人。如果太陽在申，是落陷位，則看起來木訥不會說話，其實熟了之後能言善道，並且相當有想法。如果巨門對面是太陽，巨門在亥位、太陽是旺位在巳，則是標準的政治家領袖人物，受到太陽的影響，口舌能力都發揮在主導與領導身邊的人事物。太陽如果在落陷位，巨門在巳，受到太陽在命宮有氣無力的情況，這時候的內心會更加沒有信心以及不安，對外也會展現出很努力地想打好人際關係並且得到認同。

巨門星在本命遷移宮小練習

巨門的沒有安全感需要太陽照射，在太陽為旺位的情況下，哪個巨門組合最不會被討厭？

解答／

太陽在對宮的巨門，因為受太陽星影響，能言善道有條有理，並且重視公平正義，相對天機會因為聰明而孤傲，天同則因為孩子氣的天真，有時候難免不小心得罪人。

（十二）武曲星
不怕苦不怕難的內心

武曲之所以被稱為正財星，就是因為有著一步一腳印的努力特質，並且很務實地面對自己的人生，所以當他在遷移宮的時候，這樣的務實態度就會展現出來，讓人感覺很有自己的堅持，不怕困難，但是因為務實的態度，在金錢價值觀上就比較不近人情，但是同時也很大方，因為武曲本來就有重義氣的表現，這個務實的表現就是他會對人好而且願意花錢，但是錢要花在刀口上。

1.／武曲、七殺同宮

「武曲、七殺」可以說是最讓人覺得個性剛硬的一組，當然也是最重義氣卻最不討人喜歡的一組，常常得罪人。

2. 武曲、破軍同宮

「武曲、破軍」則因為破軍的關係，調整了武曲剛毅的特質，增加許多想法，但是因為對宮的天相，又讓人覺得很有規矩並且有夢想，感性理性兼備，只要天相不要遇到煞、忌，否則很容易因為對朋友的大方反而為自己惹來金錢糾紛。

3. 武曲、貪狼同宮

「武曲、貪狼」這一組如果同宮，因為可以借對宮過去，加上受到貪狼的影響，應該是最讓人覺得大方的一組，在外花錢不手軟，貪狼的慾望深深影響著武曲。

4. 武曲對宮為貪狼

武曲對面是貪狼時，則武曲會靠著務實態度，好好守住貪狼，不讓他慾望大爆發，這也是貪狼相對來說最乖的一組。即使貪狼有花心或與異性搞曖昧的情況，因為內心武曲的務實感，會讓他展現出相當耿直的一面。

5.／武曲、天相同宮

「武曲、天相」因為受到天相影響，遇到煞、忌，天相的規矩破壞就會產生問題，當「武曲、天相」在內心的時候，是個對自己務實態度規範的人，不多不少，個性不會太硬，但是也不會如「武曲、貪狼」不節制，問題是當天相化忌或遇到煞星，規範破裂，則展現出來的就是會與人因為錢財出現問題。

6.／武曲、天相同宮

「武曲、天府」這一組可以說是在遷移宮最好的一組，因為天府的謀略與計畫能力，一方面讓武曲在遷移宮的時候，不會因為務實的價值觀讓人誤會金錢上不大方（其實武曲的不大方只是不亂花錢），甚至讓人覺得是個很有計畫能力的人。

武曲星在遷移宮的小練習

「武曲、天相」、「武曲、破軍」都因為天相遇到煞、忌，可能跟人在金錢上有糾紛。如果本命具備，當然就是等運限走進去，畢竟天生就會希望用自己的規範與人交往，但是自己的規範又常常被自己打破，有時候是本命盤或運限盤有煞、忌進去，這時就是那個運限裡面需要擔心。請問，這兩組中哪一組最容易惹上跟錢財有關係的官非？

解答／原則上兩者都可能，但是「武曲、天相」更有可能，畢竟這表示了武曲對金錢的看法跟原則，如果原則被打破，當然就可能出現問題。

（十三）天相星
心中永遠的一把尺

天相化氣為印，這個蓋章、印章的意思，其實說的是一種承諾。天相的人會重視自己與人的關係，因為人與人之間的關係建立在彼此的承諾上，所以天相才被稱為重視人際圈的星曜，會為了自己的人際圈去經營人生，這樣的星曜放在遷移宮，內心有著一把尺，這一把尺如何規劃，當然是看對宮的星曜，但是這樣的尺度人生影響著他對外的態度，因此在重視人際的情況下，這個人的人際關係當然不錯，所以天相會是人際桃花星。但是也會因為遇到煞、忌，表示自己的那把尺出了問題，所以容易在外跟人有糾紛，至於是什麼樣的糾紛，當然也需要看對宮的星曜。

1.／天相對宮為武曲、破軍

天相的對宮如果是「武曲、破軍」，沒有煞、忌，則讓人感覺用錢大方，會照顧朋友，遇到煞、忌，則大方可能會過頭，反而與人有金錢糾紛。

2. 天相對宮為廉貞、破軍

如果是「廉貞、破軍」，遇到煞、忌時可能會因為過度拓展自己的人際關係，因而產生問題，通常出現在與朋友之間的合作或是約定，卻彼此無法遵守。

3. 天相對宮為紫微、破軍

若是「紫微、破軍」，這個天相需要維護的人際網絡是要能夠讓自己可以在人際圈中得到尊貴的位置，出現問題通常也就在這樣的地方，許多時候不是自己要人家捧著你就可以順利達成。

天相星在遷移宮的小練習

天相因為違反約定，走偏了心中該有的尺度，因此容易有官非問題。其實所謂官非問題，就是一種約定，人與人的約定，人與社會國家的約定，嚴重的時候就是真正的官非，否則可能只是一些摩擦。請問，在天相的組合中，如果與人合作生意，各自會產生摩擦的問題是什麼？

解答／

對宮是「紫微、破軍」，會因為主導權與是否受尊重而產生問題。對宮是「廉貞、破軍」，則因為彼此的個性以及在事業發展上的人情世故，諸如受到外人挑撥以及與同事紛爭。「武曲、破軍」當然就是為了錢。

十四 ●○廉貞星

電量四射發電機

廉貞是個磁場強大的星曜，所以被稱為五鬼星，也被認為是外交官一般的星曜，聰明反應快，外型又好，被放在遷移宮的時候，化氣為囚的特質，內心裡面常常感性與理性俱備，將同宮的星曜做一定限度的控制，卻又展現這些同宮星曜的優良特質，除非遇到煞、忌才會控制不住，讓同宮星曜的力量不受控制地放出去。這樣的特質在遷移宮展現出來的，當然是相當有魅力的樣子，不希望凡事拖拖拉拉，就會想用最快的方法把事情完成，因此會讓人感覺能力好、機智又有魅力。如果再加上一點桃花星，通常也會非常幽默，可以說是萬人迷。只是如果遇到煞、忌，這樣的人格特質通常會三教九流的朋友都交，就容易因為個性與交際關係招惹麻煩。

1. 廉貞、七殺同宮

「廉貞、七殺」同宮在遷移宮，會重視自己在外面的影響力，在生活圈亦有一席之地。如果是個覺得自己無法發揮，無法受到重視的地方，他就會離開，但是因為自身特質，通常很容易在群體中得到主導地位，並且是眾人的領袖。

2. 廉貞、破軍同宮

「廉貞、破軍」雖然受對宮天相影響，也會重視自己的人際關係，但是因為破軍在旁邊，所以會更加展現自己的魅力跟影響力。破軍是可以有許多夢想的，這樣的性格在內心，當然展露出來的就是將自己的人際網絡無限擴張，讓人覺得很能引領眾人、給眾人夢想、很有魅力。

3. 廉貞、貪狼同宮

「廉貞、貪狼」則因為對宮是空宮，加上貪狼是大桃花星，這一組從內而外都充滿異性的魅力，內心貪狼的渴望加上廉貞的特質，將慾望放在人際網絡上控制發揮得剛剛好，沒有煞、忌的話，會是一個聰明幽默、異性緣佳而且學問豐富的人，遇到煞、忌則不免有桃花的問題。

4.／廉貞、天相同宮

「廉貞、天相」的重點當然是不能遇到煞、忌，遇到煞、忌則心中的界限被破壞，對外的人際關係容易產生問題，希望人脈可以幫助自己卻也會因為太過祈求這樣的效果，讓自己與人發生法律糾紛。

5.／廉貞、天府同宮

「廉貞、天府」則因為有天府管控，基本上具備這個星曜一切優良的特質，聰明能力好、反應快有事業心。

6.／廉貞對宮為貪狼

至於廉貞單星，對宮是貪狼，則是廉貞系列裡最俊男美女的一組，在沒煞、忌的情況下，也是最能夠在人際關係跟桃花與事業間遊走的組合。

廉貞星在本命遷移宮小練習

廉貞星在遷移宮的人，通常讓人感覺到他無限的魅力，因為內心的理性感性兼備，呈現在外的迷人風情讓人一瞬間就著迷，也因此往往會出現許多爛桃花，畢竟樹大有枯枝，人多有白癡，桃花多當然也就不乏爛桃花。請問怎樣的組合比較不會有這個情況？

解答／

廉貞遇到祿存同宮或化祿，形成廉貞清白格，對廉貞星會有很好的控制能力。廉貞與天府同宮，因為天府的控管，也會比較務實，不被煞、忌影響。最後是「廉貞、七殺」，因為對宮是天府，所以除非遇到嚴重的煞、忌或者陀羅星，抑或是不好的運限，通常都可以分得清楚什麼是爛桃花，不會被迷惑。

第九章

僕役宮——

出外靠朋友，後天給的幫手

觀念建立

如果兄弟宮是天生給我們的好幫手，僕役宮就是後天我們自己挑選的。有句話說「在家靠兄弟、出外靠朋友」，但是在紫微斗數中，僕役宮並非只有指朋友（有交情的人），而是所有認識的人，可能與自己有接觸的人，都可以算是僕役宮。

僕役宮跟遷移宮在外表現的差異在於，遷移宮說的是自己外顯出來給人的看法，以及生活圈跟外出時候的樣子；僕役宮比較偏向在人際上，當然僕役宮也代表了不同性別的兄弟姊妹，我們可以說這是因為同性別的兄弟姊妹天生應該就與自己比較親近，不同性別的兄弟姊妹相處上則比較像平輩朋友，當然這是天生的架構，實際的情況還是要看宮位內的星曜，就像我們應該天生跟兄弟姊妹比較親近，卻有很多人反而跟朋友比較親近，跟兄弟姊妹反目成仇，例如在《紫微攻略2》裡提到的兄弟宮化忌，因為希望兄弟姊妹能給與自己親情，但是由於自己或他人的問題得不到，因而轉向對外的友情。

本命盤僕役宮代表的是我們天生對外與人相處的態度，以及挑選交友的對象跟眼光，當然真正交到怎樣的朋友需要看運限盤，並非本命盤，這一點在夫妻宮跟子女宮也都是如此，需要特別注意，在運限盤才會說當下的時間點內自己的交友狀況。

一、紫微星

能力地位不好的不要來

紫微星化氣為尊，尊貴是紫微星在僕役宮擇友的標準，在朋友之間要得到尊重、尊崇，也希望跟社會群體中比較有地位的人往來，至於是怎樣的地位、怎樣的尊崇，則要看紫微星的組合與對宮。

1.／紫微、七殺同宮

「紫微、七殺」這一組化殺為權，對宮是天府，希望可以在朋友間掌握人際關係，所謂的尊崇感來自於能夠在朋友圈中擔任意見領袖，也希望來往的對象有足夠的分量。「紫微、七殺」若在命宮，有很高的機率會白手起家，所以在僕役宮成年後通常有希望跟這樣的人往來，只是如果遇到煞、忌，或太陽落陷，或者運限不佳時，其實來往的常是只會吹捧他的人。

2. 紫微、破軍同宮

「紫微、破軍」對宮是天相，重視交友關係能夠成為自己的人際網絡，因此對朋友也算大方，但是因為受紫微影響，會希望在朋友圈之間得到尊崇，並且會挑選有社會地位的朋友。因為是破軍，所以創意跟才華是他所重視的。

3. 紫微、貪狼同宮

「紫微、貪狼」這一組當然是尋找喜歡懂得生活享受，有品味、多才多藝的朋友。

4. 紫微、天相同宮

「紫微、天相」對宮是破軍，兄弟宮破軍如果遇到煞、忌，跟兄弟姊妹的關係通常都不佳，所以影響他對朋友的態度，會希望後天的平輩關係可以讓自己得到主導權，依照自己的規範建立出來。不過因為天相怕煞、忌，所以也容易遭朋友背叛

（其實是別人不見得希望照他的意思跟他往來）。

5.／紫微、天府同宮

「紫微、天府」對宮七殺的組合是面子、裡子都要，交友時會很重視這個人的社會地位跟經濟能力，也希望在朋友間得到尊崇及幫助。

6.／紫微對宮為貪狼

紫微單星對宮貪狼，則重視自己在朋友圈的地位，希望大家都圍繞著自己，當然也會要求朋友光鮮亮麗。

紫微星在本命僕役宮小練習

紫微在本命僕役宮時，會希望跟有能力、有地位的人往來，除了「紫微、破軍」可能重視才華跟不拘小節之外，一般書籍都會說，這個人的往來對象都是達官顯要，可以得到朋友的幫助，請問真是如此嗎？

解答／本命盤指代表自己的選擇態度，我希望認識川普，川普不見得想認識我，是否真的有機會，還是要看運限的僕役宮。但是僕役宮有個特色，你希望朋友有地位，最好自己也有地位，畢竟交往都需要門當戶對，所以紫微在僕役宮，如果自己本命不夠強，運限不夠強，再加上遇到煞、忌，很可能會變成自己想巴著有地位的人，其實對於自己的運勢並沒有幫助，有時候反而有害。

二 天府星 誰才是真正的好朋友

天府是個務實的星曜，朋友圈是否可以給與自己實質的幫助跟資源，才是他重視的事。如果遇到祿存，無論是在兄弟宮或僕役宮，都表示懂得經營朋友關係，也表示較能得到朋友幫助。不過是否在事情發生的當下有朋友支持，還是要看運限，只是天府在僕役宮的人與朋友的關係通常都比較好，也較能夠找到對自己有幫助的朋友。而重視交友圈能給與自己怎樣的好處，則要看對宮的星曜。

1. 天府對宮為武曲、七殺

對宮是「武曲、七殺」，希望朋友重情義，並且有重情義的表現，能夠仗義疏財，朋友之間金錢往來大方。

2./天府對宮為廉貞、七殺

「廉貞、七殺」則是重視朋友能給與自己人脈資源的交流，以及重視朋友的知識跟能力。

3./天府對宮為紫微、七殺

「紫微、七殺」則希望朋友最好是事業能力很好的人。

天府星在本命僕役宮小練習

天府星遇到祿存在僕役宮，通常更能經營朋友關係，並且得到朋友的幫助，因天府星是個有謀略、有計畫的人，所以在僕役宮算是善於經營朋友關係的，但祿存是什麼意思呢？

解答／

祿存所在的六親宮位，除了父母以及代表媽媽的兄弟宮以外，通常我們會投注心力在那個宮位，也因此會增加跟那個宮位的關係與緣分。

三 天機星

君子之交淡如水，喜新厭舊是常態

天機星的特質是善變，善變的原因來自天機星善於邏輯思考跟聰明，所以不喜歡一成不變的事情，當然也不喜歡一成不變的人，所以天機在僕役宮除了喜歡跟聰明的人往來（裡面的星曜是自己喜歡的類型），也不喜歡交友圈一成不變，因此朋友圈會常轉換。

1. 天機、巨門同宮

「天機、巨門」同宮的人，會有享受孤寂的特質，在僕役宮除了喜歡聰明、有想法的人，若是太陽在旺位，則遇到聰明的人會想多交流；如果是落陷位，因為巨門沒有安全感，以及天機的盤算，也會讓自己對於交友趨於保守跟觀察。

2.／天機、天梁同宮

「天機、天梁」同宮，則是只要跟自己談得來的都是好友，但是交談的都是知識性話題，不過畢竟「天機、天梁」是個聊天組合，所以期望他因為天梁對朋友非常照顧，就需要其他因素配合了。

3.／天機、太陰同宮

「天機、太陰」則是對朋友細心而溫柔，如果是男生命盤，這個組合的朋友比例就容易以女性居多。

4.／天機對宮為太陰

如果是天機單星，對面是太陰，家庭教育給與的細心呵護，讓他也會選擇個性較和善且溫柔的人為友，這樣的特質一樣會讓男生的朋友群中，以女性朋友為多。

5.／天機對宮為天梁

對面是天梁，則喜歡個性成熟且聰明博學的人，對於交友也會希望多方嘗試，並且因為天梁星，會很願意幫助朋友，跟「天機、天梁」同宮的差別在於，同宮還是以天機為主，並非由內心狀態影響天機星。

6.／天機對宮為巨門

對宮是巨門一樣要看太陽是旺位還是落陷位，旺位的太陽，只要是聰明的朋友，就會顯得很有活力，很熱情，希望多往來。落陷的太陽，對朋友的選擇會比較保守，一旦成為朋友，就絕對相挺；不是朋友的，則處處觀察。

天機星在本命僕役宮小練習

天機星怕煞、忌，遇到化忌時聰明反被聰明誤，遇到陀羅，感情糾結，因此常挑錯朋友，遇到其他煞星，則因為衝動交友，起衝突、斷交、翻臉都難免。請問，在天機的組合中，哪一個組合最容易跟朋友出問題？

解答／

「天機、巨門」同宮的組合，因為受巨門影響，即使是太陽在旺位的巨門，都會潛在地沒有安全感，何況是太陽落陷的，所以往往讓天機星對於朋友的挑選與相處，會想太多或是不信任，反映出來的也是容易找到不對的人，自然容易出問題。

四 天梁星

老人才是我朋友

天梁是老人星的意思，在於天梁的五行屬土，穩重並且藏了金，這個金表示清楚的想法，活脱脱一個成熟穩重的大哥，在僕役宮當然表示自己喜歡跟這樣的人往來，因為自己對朋友也是如此，會給與對方意見，並且願意傾聽對方的聲音，照顧他。這種照顧朋友的方式，以及希望自己被朋友照顧的方式要看對宮。

1. 天梁對宮為天同

天梁的對宮如果是天同，則因為自己跟母親與兄弟姊妹的感情和善，影響了他對朋友也會很有耐心，並且不計較彼此利益。

2. 天梁對宮為太陽

對面是太陽，則對朋友的照顧比較像是爸爸或哥哥，果決而且帶著強勢，尤其遇到化權時，同樣地他也希望認識的朋友是這類有社會地位，並且能給與自己心靈力量跟鼓勵的人。

3. 天梁對宮為天機

對宮是天機，則對朋友的幫助就會多了點計算，倒不是天機星心機多，很多人把天機的機，誤會成心機的機，心機多的大概是鈴星或者天府，天機則是凡事會多想一下，但是他畢竟化氣為善，沒有煞、忌出現，本身還是善良的，所以對面如果是天機，會多想一下，並且一樣常常換一群朋友，不會固定跟同一批人往來。不過因為天梁的關係，所以跟老朋友的關係基本上還不錯。

天梁星在本命僕役宮小練習

天梁是老人星，如果依照夫妻宮的說法，到底多老才算是年紀比我們大的朋友呢？

解答／天梁的年紀大，以男生盤來說，女性比他大超過三歲就算大，男性則需要大五歲以上。女性盤來說，男性大她八歲以上算大，女性則是大五歲就算。當然這個數字要對應一下年紀，例如七十歲的老男人，其實同年紀對他來說也算老了。

五 天同星 人人都是我朋友

天同幾乎在六親宮位的每一宮都算不錯，本身的個性比較與世無爭，所以在跟人際有關係的宮位上，就顯得相當適合，畢竟華人的世界以和為貴，但這個以和為貴若遇到煞、忌，往往會變成是非不分，容易出現好心做壞事的問題，以及自己對人好卻得不到回報。不過如果沒有遇到煞、忌，則通常會因為自己個性良善，所以朋友關係不差，當然也希望找到跟自己同類型的朋友，而天同也代表博學跟教育，所以朋友間的交往在乎個性和樂，並且要能夠有知識交流。

1. 天同、天梁同宮或對拱

天同若是跟天梁同宮，對朋友多了關懷跟幫助的個性；如果對面是天梁，則是相當好的朋友，幫忙人且不求回報。

2.／天同對宮為太陰

對面若是太陰，會細心溫柔地照顧人，希望跟懂得關心他人且有愛心的人往來，只是這樣的個性，若是男生命盤，難免會跟朋友有曖昧關係。

3.／天同、巨門同宮

「天同、巨門」同宮，無論太陽旺弱，都會對友情的建立沒有安全感，也容易跟朋友鬧情緒，因為天同的良善不再。

4.／天同對宮為巨門

如果對面為巨門，太陽在旺位，則能言善道、個性善良溫厚，並且因為巨門隱性的不安全感，相當願意位朋友付出，在朋友間會是個很好的交友對象。如果太陽是落陷位，雖然跟旺位的太陽一樣會是好朋友，但是常常因為對交友關係比較不安，會有情緒問題。

天同星在本命僕役宮小練習

天同個性善良，又是福星不怕煞、忌，但是前面又說到天同在僕役宮遇到煞、忌時，容易好心做壞事，覺得自己做得很多但是得不到回報，為什麼煞、忌好像還是會產生影響？

解答／

天同的不怕煞、忌，只是因為他不在乎，並非不會發生，一旦發生，他也是笑笑度過。本命盤說的雖然不是現象，但是因為有煞、忌在宮位內，對待朋友有時仍然會有情緒上的衝動，但是因為天同的特質，這份衝動通常都是好心助人，加上運限配合，就會出現好心做壞事反而被嫌棄的問題。

六、太陽星

世界的領導者 社會的發言人

太陽化氣為貴，喜歡交往的對象當然要有點社會地位，也希望自己能夠在朋友間有被尊重的主導地位，所以是否為有能力的太陽，就會變得很重要，旺位的太陽當然不錯，落陷的太陽就難免有點失落。

1. 太陽、太陰同宮

太陽與太陰同宮的時候，因為多了太陰的幫助，在交友上多了一些細心，少了太陽有時候會展露出來的強勢，其實某個層面也是因為太陽、太陰雙面的性格，讓他交友時不太能夠真心相信別人，多了細心就多了疑心，如果太陽是旺位，可以掩飾得很好，落陷位就可能比較嚴重，所以這一類人交往的對象難免落差很大。

2. 太陽對宮為太陰

如果太陰在對面，則保留了細心的一面，少了雙面性格。

3. 太陽、天梁同宮

「太陽、天梁」同宮，表示這個人對朋友總是關心用心，也樂於助人，因此容易遇到貴人，通常是有點年紀的男性貴人。

4. 太陽對宮為天梁

如果對宮是天梁，則旺位的太陽會對朋友主動用心，並且可以在朋友間得到不錯的領導地位，也容易認識有名望的人；落陷位則偏向在朋友間做牛做馬。

5. 太陽對宮為巨門

若對宮是巨門，選擇朋友除了社會地位，最好是能言善道，並且具社會影響力的人。

太陽星在本命僕役宮小練習

太陽喜歡跟有名望的人交往，當然不可能一開始就認識有社會地位的人，所以這裡所說的社會地位都是依照自己生活的群體去區分，在學校就以學校為群體，常活躍於運動社團，就用那個社團去看社會地位。太陽在旺位的時候，通常可以如自己所願，但是如果太陽在落陷位呢？還可以如自己所願嗎？

解答／ 太陽如果在落陷位，簡單來說就是會做得比較辛苦，能力與期望有落差，不適合再加上化科、化祿、化權，有時候就會變成打腫臉充胖子，硬撐場面了。

七 太陰星 總是細心關心人

太陰這樣的母性星曜，出現在每個六親宮位都很不錯，只是需要擔心體貼跟關心過頭，遇到煞、忌或者再加上其他桃花星，可能會跟身邊朋友曖昧不斷。

1. 太陰對宮為天機

對宮若是天機，喜歡聰明的朋友，但是也容易因此被朋友所害，畢竟聰明人比較容易害人，所以需要注意煞、忌的問題。

2. 太陰對宮為天同或同宮

對宮是天同，則對朋友不計較，但是因為自己個性特質，來往的朋友比較喜愛吃喝玩樂或是心靈的關心，比較不是對自己事業有幫助的類型。若是同宮，則容易對朋友太善良好心。

3./太陰對宮為太陽

對宮是太陽，對朋友的選擇就比較有原則。

太陰星在本命僕役宮小練習

太陰星如果遇到其他桃花星，容易跟朋友有曖昧關係，尤其是男生的命盤，請問哪個組合比較會出現這樣的情況？

解答／「太陰、天同」同宮、對拱。太陰對面是天機星，都會有這樣的機會。

八、七殺星

交友快狠準，討厭拖泥帶水的人

七殺的交友態度一向果決且重義氣，敢愛敢恨一直是七殺的特色，快刀斬亂麻也是他的態度，剩下的只是看對宮，就知道他堅持的是什麼、斬斷的是什麼了。

1. 七殺對宮為紫微、天府

對宮如果是「紫微、天府」，不會想和無法給予自己幫助與資源的人往來，交往的朋友必須能說得出嘴、帶得出場、讓人感覺有面子，否則就不會是他要的朋友。

2. 七殺對宮為廉貞、天府

對宮是「廉貞、天府」，則重視朋友的自身能力，以及是否給與不同的人際關係跟開拓自己的生命。

3.／七殺對宮為武曲、天府

「武曲、天府」則務實地重視與朋友之間的交往關係，對方是不是跟自己一樣重義氣跟信守承諾，能給與自己實質的幫助。

七殺星在本命僕役宮小練習

七殺在僕役宮對朋友算是重義氣，只要是他認定的朋友，都會對對方很好。如果有個七殺在僕役宮的朋友，你跟他借錢，這些七殺組合會各自需要什麼條件？

解答／ 對宮是「紫微、天府」，如果你本身條件不錯，他會當作投資你來借你錢。「廉貞、天府」則會判斷你是否有能力還錢。「武曲、天府」則會看你平常對他好不好。

九 破軍星

心靈感覺對了就是好朋友

破軍一向用感覺與夢想面對人生，對於朋友跟人際關係也是如此，不在乎是不是原本設定的朋友條件，隨時可以打破，如同他對感情一樣，這樣的態度當然也容易跟朋友有曖昧，不過一見如故，談得來的，就是兄弟，不喜歡了隨時可以消失，但是重視你的時候，可以將身家性命都給你，這是他對人的態度。對宮是天相星，同樣影響他在交友上所追求的浪漫。

1. 破軍對宮為紫微、天相

對宮是「紫微、天相」，在朋友間是否可以得到尊崇，往來的朋友是否是各領域能人，是他挑選的態度。

2.／破軍對宮為廉貞、天相

「廉貞、天相」則重視與各個朋友之間的關係，希望經由往來的朋友與生活圈，擴展更多的人際關係，除非廉貞化祿。

3.／破軍對宮為武曲、天相

「武曲、天相」重視跟朋友金錢往來，對朋友大方，但是如果遇到煞、忌，也容易跟朋友發生財務糾紛。

破軍星在本命僕役宮的小練習

破軍會不計一切對朋友好，但也可以隨時離開，因為是桃花星，所以也容易跟朋友有曖昧，請問哪一個組合的機會最大？

解答／

對宮是「紫微、天相」的機會最高，因為「紫微、天相」一旦遇到煞、忌，是不在乎規範的。

十、貪狼星 想要認識所有人

貪狼是慾望之星，在僕役宮當然就會重視人際關係，希望從人際關係得到自己的需要，所以也是殺破狼中最懂得處理人際關係的星曜。對宮的星曜影響了他對朋友的期待。

1.／貪狼對宮為武曲

對宮是武曲，對於朋友交往有期待，有付出，但是相當務實，不會亂交朋友，如同破軍選人。

2.／貪狼對宮為廉貞

對宮是廉貞，則希望透過與朋友的往來讓自己更進步，所以挑選朋友時重視人際關係跟能力。

3.／貪狼對宮為紫微

對宮是紫微，則在乎對方是不是有品味、是否有比自己更好的眼界跟社會地位。因為貪狼是桃花星，當然跟朋友搞曖昧也很正常。

貪狼星在本命僕役宮的小練習

擅長人際關係的貪狼星，哪一個組合最容易交到龍蛇混雜的朋友？

解答／ 對宮為廉貞的組合，當廉貞化忌，對於朋友的選擇，只會著重對方的能力跟周邊人脈，至於個性是否善良等道德標準，較沒有那麼強硬，所以容易結交三教九流等各類人士。

十二・武曲星
情和義，比金堅

武曲跟天梁在僕役宮的，都會是我們人生的好朋友。天梁總是循循善誘，武曲則是平常不聯絡，但是有事找他也不會拒絕，是重義氣的朋友。如果武曲還化科，更是對朋友花錢很大方，當然這一切的重點是：你必須是他的朋友。

1. 武曲、七殺同宮

「武曲、七殺」重視朋友的個性直爽跟重義氣，對宮是天府，也希望朋友有不錯的工作能力，並且能給與自己幫助。

2.／武曲、破軍同宮

「武曲、破軍」則受破軍影響，只要符合他的交友條件，是個做人不錯，願意幫助朋友的人，他就會對你相當大方，有求必應。

3.／武曲、貪狼同宮

「武曲、貪狼」則除了要有好能力，重義氣，更要有才華，懂得生活，可以給他不同生活刺激跟經驗，所以他會不斷認識新朋友。

4.／武曲、天相同宮

「武曲、天相」，因為對宮是破軍，雖然很會挑選朋友，但總是可以挑選出不同族群與環境的朋友，不過跟「武曲、破軍」一樣，都需要擔心因為煞、忌而受到朋友影響財務。

5.／武曲、天府同宮

「武曲、天府」則是最懂得挑選朋友跟應用自己人際關係的組合，只是因為對宮是七殺，所以對朋友看起來都好，但是其實在他心中壁壘分明。

6./武曲對宮為貪狼

若是武曲單星對宮貪狼，這是個期待能認識各種生活圈的人，卻也很務實地評估朋友可以為與自己帶來什麼資源。

武曲星在本命僕役宮的小練習

武曲是個重義氣但對朋友也很務實的人，因為武曲本身帶有財星的涵義，遇到與天相同宮或對宮的時候，都會有因為煞、忌而與朋友之間發生財務問題。對於這樣的命盤組合，該注意什麼事情？

解答／

跟朋友之間不要有投資往來，從事的行業比較不建議保險或理財顧問這類跟人際關係與金錢往來的工作，與朋友之間的借貸最好當作給與不是借貸。

十二 廉貞星

朋友是我展現魅力的所在

遇到桃花是桃花星，沒有遇到桃花也是人際關係的高手，廉貞在僕役宮可以說是讓人又愛又恨，愛的是這個人能夠跟各種人交往，擁有龐大的人際網絡與關係，恨的是遇到煞、忌就容易跟朋友產生問題，朋友愈多問題愈多，交往關係能力愈好，給自己的麻煩也愈大。

1. 廉貞、七殺同宮

「廉貞、七殺」選擇朋友的標準，能力是必然的，而且還要在意在群體中是否為一方之霸。

2. 廉貞、破軍同宮

「廉貞、破軍」同樣的是交友憑感覺，但重視對方是否給與自己人際關係上的資源，對宮有天相，需要注意是否有煞、忌，容易在人際關係上產生問題，當然也容易跟朋友有曖昧情愫。

3. 廉貞、貪狼同宮

「廉貞、貪狼」跟朋友搞曖昧幾乎是日常，與異性的關係多過同性，雖然三教九流都交往，卻也希望對方能夠給與自己許多新的生活經驗跟知識。

4. 廉貞、天相同宮

「廉貞、天相」類似「廉貞、破軍」，但是只要天相沒遇到煞、忌，平常跟人的交往比較有守有為，不會到處放電，也較會挑選朋友，看起來人人都好，其實內心對於朋友的挑選相當嚴格。

5. 廉貞、天府同宮

「廉貞、天府」是最乖的一組，對宮有七殺，朋友的往來該有的義氣和支持不會少，不過也不是隨便是誰都可以跟他當朋友。

6.／廉貞對宮為貪狼

廉貞單星對宮為貪狼，則重視朋友可以給自己的幫助，以及對自己的人生是否有成長，至於是否容易跟異性往來，因為是貪狼，機會當然很大。

廉貞星在本命僕役宮的小練習

廉貞很怕遇到煞、忌，遇到太多煞、忌，容易交到不對的朋友影響自己，請問在什麼情況下，這樣的問題會降低？

解答／

「廉貞、天府」或者廉貞遇到化祿跟祿存，形成廉貞清白格的時候。不過如果是「廉貞、七殺」，則自己比較可能是帶壞別人的那一個。

⑬ 天相星
朋友總是知道我的好

天相是人際關係的星曜，放在僕役宮當然相當不錯，但是因為天相怕遇到煞、忌，所以需要擔心遇到煞、忌時是否會受到朋友的影響、拖累。

1. 天相對宮為紫微、破軍

對宮是「紫微、破軍」，會因為自己希望在朋友群中得到讚賞，有時候會因而好心做錯事，反而受朋友所害。

2. 天相對宮為廉貞、破軍

「廉貞、破軍」是人際關係最好的一組，但也是最需要擔心的一組，因為認識的人多，遇到的壞人難免就多，沒有思考就做出承諾，很可能為自己惹來不必要的麻煩。

3.／天相對宮為武曲、破軍

「武曲、破軍」的人際問題都會發生在錢財上面。

天相星在本命僕役宮的小練習

天相在僕役宮因為怕煞、忌，需要注意是否被朋友所害，原因來自於自己重視朋友關係。請問，除了對宮「武曲、破軍」容易在金錢方面出狀況，其他兩組比較可能出現的問題會是什麼？

解答／

「紫微、破軍」，因為希望在交友圈中得到主導地位，所以問題在於容易遭朋友背叛。「廉貞、破軍」則因為廉貞和破軍是桃花星，需要注意與異性的關係。

（十四）巨門星 朋友總是誤會我的好

巨門是黑暗之星，所在的六親宮位會對那個宮位的人既愛又怕被傷害，想靠近又不敢勇敢衝過去。因為只要愛就會怕傷害，所以巨門在僕役宮算是會對朋友不錯的人。受到太陽影響，如果太陽是旺位，則對朋友熱情善良，落陷位依舊善良熱情，卻因為少了太陽的幫助，較容易顯得不安全感。

1. 巨門對宮為天機

對宮為天機，喜歡聰明的朋友，也希望朋友給與自己不同的人生經驗，所以朋友常換來換去。

2. 巨門、天機同宮

巨門、天機同宮則對於朋友往來相對穩定，但是無論哪個組合，只要他覺得你是笨蛋，就無法跟你往來。

3. 巨門對宮為天同

對宮是天同這一組，會是最好的心靈伴侶跟酒肉朋友，吃飯喝酒不囉嗦，煩心事都可以找他聊，但是受天同影響，不喜歡太多心機的朋友。

4. 巨門、太陽同宮

與太陽同宮除了受太陽旺、落陷影響，對朋友會相當照顧，並且喜歡有學術能力跟社會地位的人。

5. 巨門對宮為太陽

若是太陽在對宮，則太陽在旺位會像同宮，落陷位則對於朋友的交往較不會特別挑選，因為當太陽落陷的時候，巨門的內心空虛感會增大，一旦有人對他好，他自然就接受，這個情況也就需要注意是否會受到朋友所害。

巨門星在本命僕役宮的小練習

巨門內心空虛寂寞覺得冷，在哪個宮位需要哪個宮位的愛，當然容易有曖昧。請問哪個組合會出現這樣的情況？

解答/ 對宮是太陽，並且太陽落陷，因為較不挑朋友，也容易為朋友付出，所以容易讓朋友超過界。對宮是天同，則因為不懂得拒絕，也容易有這樣的情況。

第十章

官祿宮——

人生重心所在，日常價值的追求

觀念建立

官祿宮雖然名稱是「官祿」，其實不能只當成工作甚至職業，家庭主婦的工作可能是照顧家人的起居生活，也可能是一家的財政大臣；學生的工作或許就是只有讀書，所以不能只將官祿宮當成一種職業。而官祿宮也跟財帛宮有所連結，例如，財帛宮武曲化祿，卻是在第二大限，如果在求學時間，即使財帛宮化祿，對於賺錢這件事的效果也不會太大。天梁化祿搭配官祿宮化科，或許還有可能會得到獎學金，但是單純對應工作出現的錢其實有限，因為當時這個人沒有賺錢的工作，所以官祿宮不是只有工作與職業，應該是當成一個人平常對於人生的追求，這也是為何官祿宮有所謂「氣數位」的原因。一個人的日常生活如果一團亂，這個人的生命價值無法依照自己的需求展現跟進行，當然就會覺得人生很無奈，生活很無力，一種有氣無力，人生看不到計畫與未來的感覺。

本命盤說的是自己對於人生生活的追求態度，運限盤的官祿宮說的當然就是在那個時間內對於當下生活的追求態度，以及因為這樣的態度會發生的事情。若是在流年官祿宮，說的則是因為外界環境對於你的日常生活重心的影響。還在求學，影響的就是學業，是家庭主婦，影響的就是家庭生活。

我們習慣因為命盤上的名稱而僵化了解釋，這一點還是要不斷提醒大家，命盤上討論的是實質影響力，我們實際上遇到的情況、遇到的是什麼，就那個可能的情況去討論，並且需要搭配其他宮位。例如一位家庭主婦，運限官祿宮出了問題，但是她並沒有工作，所以我們需要檢查她的夫妻宮或田宅宮，因為她的工作是家庭的照顧者，當官祿宮出問題，其實田宅宮跟夫妻宮應該也會出問題，甚至是子女宮都有狀況。又或者，一個人如果在公家機關上班，官祿宮出現武曲化權，一般來說武曲化權會有創業機會，但是因為這個人在公家機關上班，有可能是因為他的工作努力（武曲）讓他化權了（拿到權力），因此比起創業更像是在工作上受到重用，擁有更多的工作上的權力，當然也可能是多了其他工作，因為化權也有兩份的意思。這個許多學習斗數的人無法想通的地方，我們必須依照實際情況去討論命盤，並且熟記，本命盤只代表天生的價值與能力，並不代表現象，不表示事件的發生，真的發生了也只是因為能力造成事件發生，但是並非一定。

如果單純討論官祿宮的星曜特質，造成自己適合的行業特質，也必須考慮財帛宮，畢竟絕大多數的人，對工作的看法是希望獲得更多金錢。本書主要討論的是本命盤，說的是這個人對於生活的主要態度，因為自己的生活重心通常在第一大限，受父母控制，第二大限受環境控制，要念書當兵。因此，本命盤官祿宮的特質在成年後會相對明顯，展現在工作上的部分就比較多，也會因此決定我們在工作上的選擇與態度，例如官祿宮化科的人，對於工作的選擇，會比較希望可以讓自己覺得有面子，或是自己感興趣的。

一・紫微星

華麗的工作選擇

紫微星被稱為「官祿主」，適合放在官祿宮，這其實有一個先決條件，就是必須是一個有能力的皇帝。紫微的特質在於高貴的氣質，具備這樣的人格特質的同時，卻也免不了有相對應的缺點。紫微如果沒有團隊幫忙，就會變成好高鶩遠。前面說了很多次，這個團隊就是三方四正內要有左輔、右弼跟天魁、天鉞，否則再差也要是夾宮（僕役、田宅）會有。

圖三十八／

官祿宮有紫微，三方四正與夾宮有吉星

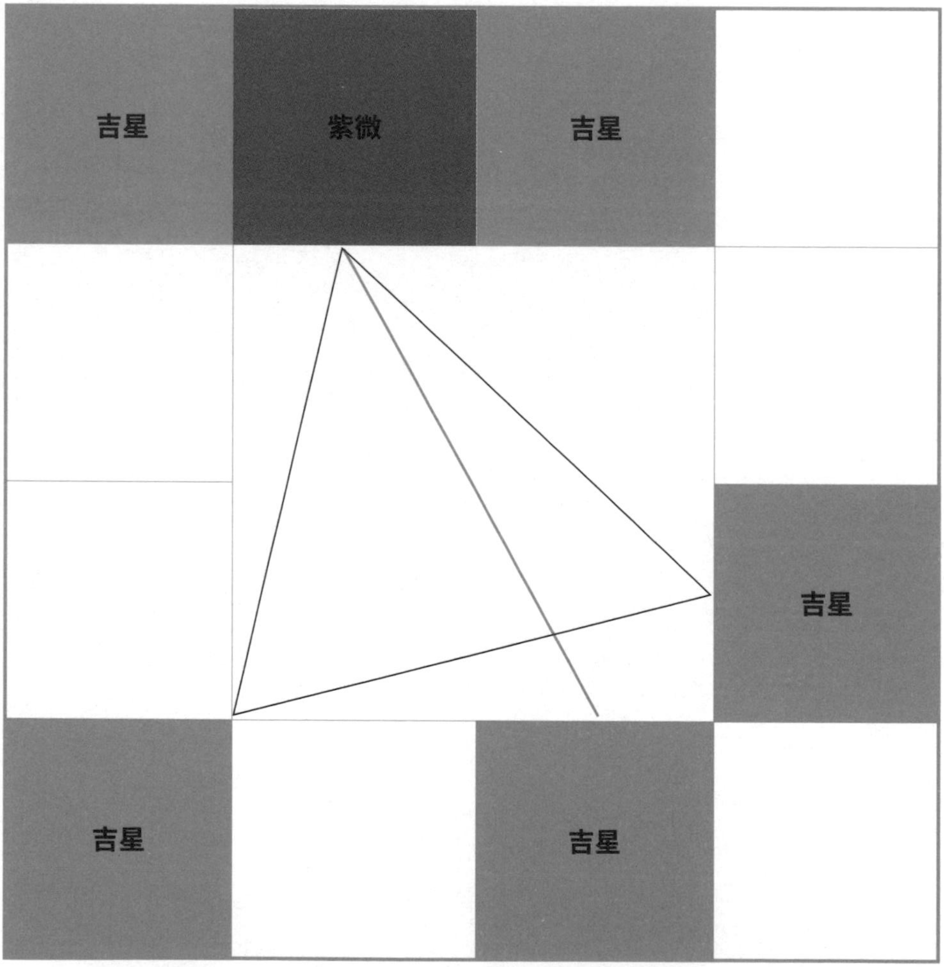

當三方四正或夾宮有吉星的時候，在本命盤來說，無論是在命宮、遷移宮，自己對人不錯，所以得人緣。在官祿宮，工作上願意助人，所以也得人幫助。在財帛宮，對人大方所以得人幫助。更別說在僕役宮對朋友的態度，以及在田宅宮代表家人就是自己的貴人了。這樣的組合才能造就紫微星重視自己的格局、貴氣的特質，而能夠成就他對工作的期待，運限盤說的更是當下會有人出手幫忙。

我們常喜歡看成功人士的傳記，學習他們成功的模式，但是當我們看到某人用鐵血策略壓榨勞工得到成就時，或許該想一想，自己是否有足夠條件，也許人家使用鐵血政策，但是因為他有很好的僕役宮幫忙，可以找到很好的管理人才，幫他鐵血員工。你的僕役宮很差，鐵血的過程只得到勞工局虐待勞工的罰單。這樣自以為可以，其實只是證實夢想肥美，但是現實卻骨感，因為錯誤認知產生的可悲趣味，其實也常出現在命理的判斷上，紫微星就是這樣一個常讓人誤判的星曜。

1. 紫微、七殺同宮

紫微的組合裡，大概只有「紫微、七殺」這一組是比較不需要有吉星的，因為「紫微、七殺」化殺為權，這時紫微星的特質反而偏向天府星，重視自我的價值掌握，有人幫忙當然很好，沒人幫忙也不會讓自己的夢想太過遠大，親力親為實現夢想是這個組合的特性，也有很高的機率會選擇創業，至於創業方向，只要是自己喜歡的，大致上都可以。

2. 紫微、破軍同宮

「紫微、破軍」這個組合，原則上比「紫微、七殺」好，缺點是需要有吉星在旁邊，否則就會是夢想遠大但現實殘酷，並且對面的天相容易讓盤主在職場上有人際關係的問題，常常遇到會變卦的人，雖然會發生這樣的情況，是自己也常常如此。這個組合有可能創業嗎？基本上要看有沒有發揮的空間，如果沒有，他也會選擇創業，適合的工作以創業相關的行業比較恰當。

3. 紫微、貪狼同宮

「紫微、貪狼」在工作上是相對聰明的，很容易找到適合且安穩的工作，讓自己在一個最好的平均值裡，不會太累也不會太差，當然這是一個最佳狀態。這樣求安穩要過得好也要收入不錯的特性，如果運限走得不好，就會變成懷才不遇，當然就更不可能創業了。

4. 紫微、天相同宮

「紫微、天相」的對宮是破軍，對於自己想做的事業，內心有許多夢想，不像「紫微、破軍」那麼直接呈現，會先重視工作環境與是否有發揮機會，但是通常在遇到煞、忌的時候，還是會選擇創造自己的事業，因此容易在剛開始跟人不錯，但是後來出現問題。

5. 紫微、天府同宮

「紫微、天府」這個裡子面子都要的皇帝，要不要得到當然要看是否有足夠的吉星，如果吉星有兩個以上，在工作職場會很快擁有領導地位，否則就會變成曲高和寡。

6. 紫微對宮為貪狼

單獨的紫微對面是貪狼，在紫微星裡面，這一組其實算是相當好，幾乎所有對於紫微的優點評價都來自於這一組，原因在於貪狼的存在，桃花與博學的特質降低了紫微的負面評價，藝術創意、宗教心靈等事業都相當適合他。

紫微星在本命官祿宮的小練習

紫微重視三方四正是否有吉星，如果三方四正剛好沒有，工作上就可能會有好高騖遠的情況發生，請問這時候該如何給與建議？

解答／

本命盤沒有的條件，我們可以從運限盤裡找。紫微缺乏吉星的最大問題，在於對自己的期待過高，卻沒有能力做到，所以可以充實自身能力，加上利用運限上遇到吉星的時候去努力。

二 天府星 務實的工作選擇

務實的天府只追求自己能夠掌握事務，相對於紫微來說，當然比較好，至少不用擔心三方四正沒有吉星怎麼辦，有人幫很好、沒人幫也可以自己來。加上本身具備很好的計畫跟數字能力，能在工作上如魚得水，是實至名歸的官祿主。天府的對宮一定是七殺，對於事業會有自己的堅持能力及信念。

1. 天府對宮為紫微、七殺

對宮「紫微、七殺」，不同於官祿宮坐「紫微、七殺」，創業只是時機問題，能夠有自己可以發揮的舞台，基本上就會很滿意，並且會牢牢地守住權力。

2.／天府對宮為廉貞、七殺

「廉貞、七殺」除了重視能夠發揮的平台，對於工作上是否可以得到更多的人生機會，滿足自己的人生夢想，與擁有更廣的人際關係，會是他的重點。從事創意相關、金融相關的產業都很適合。相對於「紫微、七殺」，他可以當老二不一定要當老大，如果「紫微、七殺」寧為雞首，那麼「廉貞、七殺」就是甘為牛後。

3.／天府對宮為武曲、七殺

對宮「武曲、七殺」適合什麼工作呢？依照他認真努力的工作態度，只要不是太需要創意跟太多變化的工作，基本上都可以勝任。例如一樣是金融業，「武曲、七殺」跟「廉貞、七殺」相比，「武曲、七殺」比較適合擔任稽核人員，而「廉貞、七殺」適合對外發展。

天府星在本命官祿宮的小練習

天府星一樣是帝星跟官祿主，但是相對務實，對於工作上的取捨進退很有分寸，通常不會讓自己陷入危險。但是在天府的組合中，有哪一組在有機會做生意時需要注意投資過度呢？

解答／

對宮為「武曲、七殺」，會有因為特質相同而產生過旺則不佳的情況，當有煞、忌出現，容易因為太固執而不顧風險。

三 ●○ 天機星

一成不變無法滿足

天機聰明且善於思考，當然這是在天機沒有遇到化忌的時候，否則會聰明反被聰明誤，同時也是沒有遇到空劫同宮，否則天機的邏輯就會被剝奪，然而有時候這反而是好事，為什麼呢？因為天機的善變會讓他無法接受一成不變的工作，喜歡思考跟研究的他怎麼能做呆板的事情呢？所以常有書籍說「機月同梁格」適合當公務人員，做安穩的工作，其實這句話的原始說法是「小吏」，也就是小官員，或是公務部門的辦事人員，不過古代的公務部門跟現代相差很大，古代再怎樣小的公務部門人員都會被當成官員，在司法行政集中於一人的年代裡，一個地方官會被說成父母官，是因為他的權力可能比你爸還要大，可以定奪你的生死，在他底下做事的人，當然也會有這樣的情況。

機月同梁說的是天機、天梁、太陰、天同在三方四正之內，這樣的人適合當小公務員，說的是在那個即使是小公務員都可以魚肉鄉民的年代，善良、願意照顧人的特質才適合從事這樣的職業，並非用現在公務人員一考上就可以安穩到退休的社會觀感來看待這個行業，好像機月同梁的人都是能混就混。恰恰相反的是，這些人都很聰明，卻又有願意照顧人又善良的特質，才會適合為「小吏」，這是古代命理家對社會的良心體認。不過如果無法理解歷史緣由就會誤解，甚至常遇到算命因為是機月同梁，就被嫌棄成好像一生只能庸庸碌碌，沒有開創能力，只能輔佐別人。這是近代許多斗數書籍很大的錯誤認知。本命盤官祿宮有天機星，對於自己的工作能力跟工作目標相當有能力跟想法，當然這是在沒有遇到空劫的情況下，依照同宮跟對宮的星曜會有各類不同的變化。

1.／天機、天梁同宮

「天機、天梁」同宮，受到天梁的影響，凡事較深思熟慮。天梁是老人星，當然會想得周到一點，所以這個組合就會變成行動力不足，其實並非如此，他只是謀定而後動，或許對於有賭徒性格的創業家來說較不適合，但是如果運限走得好，也會是很精明的企業家，因為他具備了很好的學識跟邏輯能力，缺點則是凡事過於深思，往往會建議從事高級的智囊工作，因此就算是創業通常也在中年後。

2.／天機對宮為天梁

「天機、天梁」對拱，則一如以往是個變動很大的組合，在官祿宮會高度呈現天機不喜歡一成不變的工作特質，因此較適合跟專業知識與數理邏輯相關的工作，若有足夠的運勢跟吉星組合，從事醫療與精算師這類工作相當有發展。

3.／天機、巨門同宮

「天機、巨門」同宮，如同在命宮，只要不要遇到太差的煞、忌，通常書念得不錯，因此也適合具備專業技術的工作，是一個可以專心、耐心在一個工作崗位上的人，那麼這是否跟前述所說天機無法一成不變有所衝突呢？其實不會。專心在專業技術面，只要這份專業可以讓他深入研究並取得許多新發現，就不算一成不變了。

4.／天機對宮為巨門

「天機、巨門」對拱的組合，其實也具備這種特質，只是更具備了許多變化性，因為巨門不是同宮，而是在內心的宮位（對宮），所以內心的不安全感會讓他對於工作有許多想法跟努力，願意為了工作而學習，當然這樣的過程跟心情也適合拿來成為自己當老師的資源與能量。

5.／天機、太陰同宮或對拱

「天機、太陰」同宮，或者是「天機、太陰」對拱，最具備不安穩工作的特質，無論做什麼，內心都希望有所改變，因此，從事創意、設計、業務、進出口貿易這類需要不斷因應市場，與人有溝通來往，需要能夠隨時保持動力的工作，才能滿足他對工作的期待。

天機星在本命官祿宮的小練習

天機星對於自己的人生無法一成不變，即使嘴裡說沒有，心裡卻常有，這樣的人如果要創業，除了時機要對，還需要選對行業。請問餐廳老闆、補習班老師、設計師和律師，哪一個行業最不適合他？

解答／

餐廳老闆。除非是拿了一大筆錢幫家族到處拓展全世界分店，否則一開始創業時，餐廳老闆需要長時間待在店裡，這樣的工作對天機星來說，除非是「天機、太陰」那一組喜歡跟人相處的人，否則就會太過無趣。

四 ● ○ 天同星 輕鬆自在的人生追求

與世無爭是天同的特質，所以這個星曜在官祿宮常被嫌棄，但其實是個相當不錯的選擇。天同常被形容成懶散沒有競爭力，但是能夠懶散，往往具備大智慧，希望用最簡單的方式完成工作，是天同在官祿宮的特質。對於工作期待，也需要具備讓自己學習的機會，以及不需要太多勞動，這也是有些書籍建議天同應該在大公司上班（或是公家機關，感覺這些地方好像都是來混日子，這些老師到底是什麼心態），也說可以創業，但其實是開家小店，不能想成是什麼了不起的大事業。其實許多大老闆都具備天同的特質，人緣好、不強求、聰明博學、有學習心，所以天同在官祿宮不見得不好，還是需要看運勢。比較有趣的是，官祿宮化權會有創業的想法，但是在天同上卻不一定，權是雙倍加重的意思，所以天同化權去創業可能是希望自己可以更懶散吧！

1. 天同對宮為太陰

天同在官祿宮，對面是太陰的人，工作上的人緣都不錯。天同、太陰都是桃花星，再加上善良跟細心的特質，是工作上很適合搭檔的夥伴，也是合夥比較不容易翻臉的人。但是如果遇到陀羅或天同化科，抑或是太陰化科、化忌，對於工作優柔寡斷的小問題，也容易在工作上有桃花出現，尤其是男生的命盤。適合與人相關的工作、開店，與教育學習、女性產業、飲食相關都很適合。

2. 天同、天梁同宮

「天同、天梁」同宮的組合，受到天梁影響，醫療產業、公益事業、宗教事業都很適合，教育行業也不錯。

3. 天同對宮為天梁

天同、天梁對拱的組合，則因為天梁在外，適合往外地發展，會有許多機會，從事行業對應「天同、天梁」的博學以及天同的桃花，也適合業務跟企劃相關工作。

4.／天同、巨門同宮

「天同、巨門」受到巨門影響，因為情緒影響工作是最大的問題，容易因為一時覺得工作環境不好就厭煩工作，學習也是如此，所以加上煞星反而比較好，但是不能是陀羅星。

5.／天同對宮為巨門

對宮是巨門，則要看太陽是否為旺位，太陽為旺，巨門讓天同的人緣更加有魅力，無論是在職場上或者創業都相當適合，有人緣、會說話、聰明肯學習，並且個性讓人感覺舒服溫厚；如果太陽是落陷位，就需要擔心官祿宮的三方四正在遇到煞、忌時，可能就會因為巨門的沒安全感，反而利用自己的情緒以及人際關係，不當追求工作成就。

天同星在本命官祿宮的小練習

天同是少數化權也不一定創業的星曜，因為創業是為了讓自己過得更隨心所欲，所以如果有這樣的環境，不一定要創業，這需要看運限的情況，但是在這樣的條件下，上面哪一個組合，天同會最希望可以擁有自己的事業呢？

解答／

對宮是天梁或巨門的組合，天梁因為希望可以做得更多，能夠有更多能力，巨門則是因為沒有安全感，覺得工作最好可以被自己掌握。如果加上化權、煞、忌機會就很大，當然創業需要的是時機，所以還是要看運限盤。

五 ● ○ 天梁星 助人助己有智慧的工作

天梁除了是老人星，也有博學的意思，所以天梁在官祿宮的人，通常書念得不錯，至少知識算豐富（博學不見得會念書，不見得有好學歷）。斗數中博學的星曜，如貪狼、巨門、天同，各有其原因造成博學的結果。天梁是庇蔭星，所以他的博學來自於覺得自己要懂很多才能幫助人，或者說為了幫助人而學會很多，這樣的特質放在官祿宮，表示在學習或工作上面，一方面態度沉穩願意努力，一方面願意幫助人，所以通常會有不錯的工作能力或學識，再來就看對宮是什麼星曜影響了他。

1. 天梁對宮為天機

對宮如果是天機，這個組合本來會因為內心的天機不愛一成不變，所以是個比較變動的組合，會如同天機對面天梁一樣，不愛呆板的工作，但因為天梁在官祿宮，所以相對天機在官祿宮來說還是比較穩定，不愛一成不變的特質只有在對宮的內心世界裡，並且天機具備了邏輯與計算能力，這樣的組合會希望工作可以有豐富的變化內容，並且變化的起伏跟數字與計算有關，因此這一類的人通常會往金融業發展。如果太陽在落陷位，並且遇到足夠的煞、忌，甚至可能成為地下賭盤的組頭（所以化忌有時只是不容於當下的法規，不見得絕對不好）。

2.／天梁對宮為天同

對宮如果是天同星，內心懶散卻又在工作上很有人緣，並且解決了天梁化權，做事時會因為能力好而出現的傲慢堅持，當然這是為了大家好的堅持，只是有時候不一定是對的。對宮是天同，因為桃花特質，這個部分會被降低，甚至看不到，也會因此幫助他在工作上有所發展，通常會有許多人願意給他機會，教育、宗教、身心靈、公益事業、媒體這方面需要總體知識整合與人緣的行業都適合他。

3.／天梁對宮為太陽

對宮為太陽的組合，因為太陽希望可以制定規則，所以這是一個容易創業的組合，畢竟只有當老闆才可以自己訂規則，適合的行業通常是在大型機構擔任高級主管，或是創業，並且是醫療、宗教、文創、貿易、公益事業方面，甚至是政治人物，因為太陽讓他覺得唯有透過自己訂下的規則才可以幫助人。

天梁星在本命官祿宮的小練習

其實天梁星也常被認為是適合在大公司當高級主管的星曜，但也因為運限很容易創業，畢竟有能力，夠聰明，但是遇到運限出現化權，希望工作與人生的目標能夠由自己掌控，而現實環境不給他這個機會，他就會選擇創業。加上天梁在各宮位都有老天庇蔭該宮位，在官祿宮因為自己願意助人，通常也會遇到貴人提攜幫忙。請問，當有人提攜的時候，這個天梁很適合在大型企業或公益團體中發展，哪一個組合又是在相同條件下最適合的呢？

解答／ 其實這樣看工作內容，如果是公益事業的領頭者，通常要兼備募款能力，以對面是天同的最適合。如果是在團體內當活動招牌，是全體的招牌與光環代言人角色，則對宮為太陽最適合。如果負責策畫與投資，讓公益團體的資金更加有良善應用，則對面應該是天機星。

六 太陽星

受人景仰的工作

一樣是官祿主的太陽，當然也很適合放在官祿宮，具備領導才能跟想法，放在官祿宮很適合在工作上有所發展。太陽星化氣為貴，他對工作與學習帶來的價值感與成就感的重視，會大於金錢利益。至於在乎的工作跟成就感會落在什麼事情上，當然就要看對宮是什麼星曜。太陽星是十四顆主星裡少數重視星曜旺弱的，當太陽在旺位的時候，表示上述他追求的價值較有能力達成；在落陷位的時候，則變成心有餘而力不足，或是堅持的力道不夠，才會容易從事遊走灰色地帶的工作。

遊走灰色地帶不見得不好，譬如在古代，演藝人員是不入流的行業，但是在現代卻相當令人羨慕，所以我們不能將落陷的太陽視為違法，只是個人願意接受在法律跟道德上面的灰色面，當煞、忌出現，就可能有機會走向觸碰法律問題的行業。

1. 太陽對宮為太陰

如果對宮是太陰，太陽會希望工作上有不錯的人緣，並且因為太陽、太陰日夜兼備的特質，對於外派出差甚至往外發展，接受度都相當高，通常也願意接受除了自己職務之外其他份外的工作內容。在工作上當然需要掌控一切，但是會用比較好的態度達成，照顧身邊的夥伴。

2. 太陽、太陰同宮

如果「太陽、太陰」同宮，會有同時兼兩份工作的情況，差異在於一個是願意多做一點幫助人（對宮是太陰）、一個是因為日月同時在一個宮位內，對於自己所追求的人生價值會有兩種截然不同的想法，因此願意多給自己一個嘗試的機會。

3. 太陽對宮為天梁

如果對宮是天梁，會比天梁在官祿宮對宮是太陽的組合，更有可能成為大企業或公益團體的領導者，也更有創業的機會，因為對宮天梁，內心渴望幫助人，希望能做更多對社會有幫助的事，會是影響太陽星在工作跟人生價值上可以領導一切的主要原因。

4.／太陽、天梁同宮

若是「太陽、天梁」同宮，這一組可以說是太陽星組合裡最好的一組。這個組合只要遇到化祿或祿存（太陽、天梁都有機會化祿），再加上文昌星，就會成為古書中所謂高官格局的陽梁昌祿格。想想看，一個有領導能力，並且為了達成工作價值與成就感，他有能力制定自己覺得好的規則與方向，又希望可以助人，再加上化祿，必然在工作上因為這樣的特質給與自己很好的機會，最後補上做事很有規則跟條理的文昌，這當然是絕佳的大企業高級主管或領導人的人才。因為天梁的關係，這些所謂大企業通常會偏向醫療、社會公益、教育方面。

5.／太陽對宮為巨門

對面如果是巨門，太陽若在旺位，能言善道且具有絕佳的領導魅力，言談之間有吸引人的特質，在工作中是天生的領導者。如果是落陷位，則巨門受到太陽無光的影響，在工作上會有不安全感，並且因為這樣，會願意接受灰色地帶的行業。當然前面所有組合在太陽落陷時都有這樣的特質，只是巨門更為明顯，但是也因為這份不安全感，所以會很願意為了自己的人生努力，並且學習新事物。

太陽星在本命官祿宮的小練習

通常在官祿宮或財帛宮化權出現的時候，會有創業的想法跟機會，但是在太陽星還有一個可能創業，請問是什麼？

解答／

化忌的太陽星也會想要創業，原因在於太陽追求工作成就，化忌讓他覺得自己的工作成就永遠不夠，因此當運限出現機會，也會想創業。

七、太陰星 享受與人緣具備

一樣是庇佑星的太陰，化氣為富，這個富是富足、滿足的意思，所以他追求的是自我人生的滿足。如果說太陽是成就感的追求，可以為了成就感做很多努力，太陰就是在人生追求上希望可以享受過程，並且在過程中展現太陰照顧人以及桃花的特質，舒適的工作環境，以及開心的工作，會比成就感更重要。至於享受工作的特質會呈現在哪一方面，怎樣的工作或學習讓他可以開心，則要看同宮雙星影響以及對宮的星曜。

1. 太陰對宮為太陽

對宮是太陽的組合，會是個細心的領導者，願意多做一點份外的事情，導致可能同時做兩份工作的特質，如同太陽對面是太陰，但是太陰星不像太陽星落陷的時候如果遇到化科、化祿、化權，會有打腫臉硬撐場面的問題，反而會因為太陽同時落陷，可以降低遇到化權太過強勢卻又能力不足的情況，細心且桃花的特質會讓他因為有人緣以及不強出頭，會有不錯的表現。

2. 太陰對宮為天機

對宮是天機，則具有天機在數理邏輯以及規劃事務上的好能力，不願意一成不變的內心世界，讓太陰會是最願意接受挑戰的一個組合，也是願意嘗試創業的太陰，機會到了就會希望自己可以有完成夢想的能力。因為太陰的關係，適合從事跟異性有關，以及飲食與進出口買賣產業。

3. 太陰對宮為天同

對宮是天同，從事女性以及教育飲食產業都適合，能夠一邊工作一邊享受人生是這個組合的重點。這個組合出現在官祿宮，通常在工作上人緣很好，尤其是異性緣，缺點是容易在工作上出現桃花，如果遇到了煞、忌，也容易利用桃花來完成工作。不過，因為有好人緣以及學識能力充足，加上細心與關心的態度，其實會是很好的創業條件。

4. 太陰、天同同宮

上述的特質也出現在「太陰、天同」同宮，一般來說這很少被注意，因為這一類人並不會特別努力追求事業成就，所以容易被忽略，但是天生卻具備了很好的創業特質與條件，所以只要運限有化權或煞星出現，就會有創業機會。因此，「太陰、天同」同宮的組合會是相當好的創業家，並且是以開設店鋪這類面對客人以及資產的行業最適合。

太陰星在本命官祿宮的小練習

太陽星化忌在官祿宮會如同化權一樣有創業的想法，化權是希望可以掌控，化忌是希望可以做得更多，太陰星化權則是重視自己對人生財富的追求，因為希望可以透過對人生的追求得到富足的生活。那麼太陰星化忌會如同太陽化忌的情況嗎？

解答／ 太陰化忌除非搭配其他化權，否則不會如同太陽一般，因為太陽化氣為貴，社會地位是他的工作成就指標，成為老闆或是企業領導者，是一種社會地位的表徵，但是太陰不是。

八 七殺星 為了理想而堅持

七殺的特質在於堅持，堅持什麼則要看對宮，所以在官祿宮上對七殺的解釋，尤其是本命官祿宮，需要討論的是他對人生價值的追求與態度，依照這個態度才決定適合的工作內容，當然對宮的星曜就是他堅持的價值所在。

1.七殺對宮為廉貞、天府

對宮是「廉貞、天府」，廉貞的特質在於可以用好的方式完成事情，利用創意跟人際關係，讓自己可以有好的應變方式。簡單來說，就是不希望自己像武曲那樣，一步一腳印，一切靠拚命。加上天府幫忙，更是有謀略，有計畫，可以在工作上得到自己想要的成果。至於適合的工作，通常是跟人際有關係的工作，最好可以在付出與金錢收穫上得到覺得滿意的情況。

2. 七殺對宮為紫微、天府

對宮是「紫微、天府」，工作上裡子、面子都要，表示需要在工作上有成就感，也要有足夠的獲利，因此有很高機率會創業，當然，要「紫微、天府」在寅位的組合更適合。至於是哪一方面的行業，因為這是本命盤，所以可以看有機會創業時間點的大限官祿宮，作為行業的參考。

3. 七殺對宮為武曲、天府

對宮是「武曲、天府」，則工作成就來自於有讓人覺得安全踏實的收益，當然如果是學習階段，不可能是要求工作賺得滿意的金錢報酬，而是學習的過程不會只憑興趣，需要考慮學習過後能夠得到的成果，這個成果最好能對未來的就業有幫助。

九 破軍星 為了夢想永遠偉大

破軍的感性在工作與人生價值上的呈現，當然也相當具有熱情與夢想，這是許多大藝術家或設計師的命宮或官祿宮常有破軍的原因，這一點在於他們為追求夢想不計一切的態度，也因此能有跟一般人不同的成就。不過，問題也在於是否有足夠的能力支撐這樣的夢想，這也是許多命理師會說破軍在官祿宮不佳的原因。但是，這往往讓判斷失準，因為只要有足夠的條件，就可以讓破軍反而相當有成就，這一點除了運限好之外，本命的田宅宮很好，有家族背景可以支持，或者破軍化權，穩定破軍因為追求夢想的不安穩特質，都可以讓破軍轉向好的方面發展。

破軍對宮一定是天相，因此工作環境以及人際關係會是他重視的部分。如果環境不好，工作或學習夥伴不合自己的個性，他也會選擇放棄。

當然，因為對宮是天相，所以不能遇到煞、忌，否則容易不受控地打破該有的規則，容易在工作上出現人際關係與官非的問題。

1. 破軍對宮為紫微、天相

對宮如果是「紫微、天相」，對於工作的態度、人生的追求，希望可以得到掌聲跟尊榮，如果不行，就會選擇離開，這也是破軍裡最容易創業的一個組合。

2. 破軍對宮為廉貞、天相

對宮是「廉貞、天相」，創意企劃與人際有關的工作，利用自己的人緣跟創造力得到工作成就感，是這個組合所追求的。

3. 破軍對宮為武曲、天相

「武曲、天相」，受武曲的影響，一切的夢想都會回歸金錢價值的務實態度，這也是在工作上相對於其他組合，對於工作夥伴以及自己的崗位會堅守價值跟信守承諾的一組。

十 貪狼星

人生總有無限可能與想像

貪狼的慾望在工作上的追求，會讓這個人願意對自己的生涯永遠保持學習態度，也願意做出各種嘗試。如果說七殺是為了目標而努力，破軍是為了夢想而努力，那麼貪狼就是為了無限的慾望而努力，任何事情都可以是他考慮的對象。不過，因為貪狼是桃花星，所以與人有關的，尤其是跟異性的人際關係，更是職場上吃香的部分，當然也隨之有著職場上的桃花風險。對宮的星曜決定了慾望的展現，以及慾望真正投射出來努力追求的價值。

1. 貪狼對宮為武曲

對宮是武曲，因為務實的個性，會以專業技術為主要目標，也是這個組合被稱為百工之人的原因。或許因為貪狼會嘗試各種興趣與機會，但是因為務實的態度，所以專業技術的取得是他努力的方向，畢竟一技之長勝過萬貫家財，而這樣的特質也導致這個人通常會在中年後有發跡跟創業的機會，因為專業技術需要時間，而經驗與技術累積成熟加上運限，就有創業機會了。

2.／貪狼對宮為廉貞

對宮是廉貞，當然是依靠人際關係跟創意作為自己在職場上的發展能力，只是需要擔心廉貞與貪狼的化忌，畢竟廉貞一化忌，就會希望可以追求更快速、更有效率的方式，貪狼化忌則會有更多慾望出現，卻不知道該如何進行，無論是哪一種情況，都可以讓他在工作上出現問題，尤其是職場的異性關係。

3.／貪狼對宮為紫微

對宮是紫微，可以說是最佳組合，只要紫微星遇到所需要的吉星幫忙，以及貪狼不要遇到煞星，這個組合就會具備能力跟人際手腕，並且讓人感覺可以獨當一面，當然也可以在宗教、身心靈，任何與人或心靈有關的行業發展，需要品味跟眼光的時尚業也相當不錯，畢竟貪狼肯學習與博學的特質，加上紫微的眼光品味跟事業上展現的風采，在創意跟時尚相關產業都會相當吃香。

七殺、破軍、貪狼在本命盤官祿的小練習

許多人因為書籍錯誤的形容，以為官祿宮有了這三顆星，似乎不是很好、很不安穩，因而相當擔心自己的工作甚至是學業問題。排除這是因為古代政治價值、追求奴才文化，所以創造出奴才文化圈，愈多奴隸就愈好控制的特質，告訴我們人不該有冒險精神。對於這三顆星，無論是七殺的堅持、破軍的偉大夢想，跟貪狼的永遠有新方向，對古人來說都是不好的，因為奴才的特質就是要穩定，不穩定就是不好（因為可能會有推翻統治者的問題）。排除煞、忌出現的時候，其實各星曜都是不穩定的。這三顆星各自要在怎樣的情況下，相對來說對於事業或人生價值的追求，比較是謀定而後動，雖然一樣堅持與創造，貪心地嘗試以及不顧一切地追求，但是相對穩定的情況？

解答／ 七殺對宮是「廉貞、天府」、破軍遇到化權、貪狼對宮是武曲甚至加上化忌，這樣的組合，其實在工作上都相對穩定，即使追求夢想，也有很穩定的努力方向，不會隨時因為感動而衝動，因為衝動有變動。

（十一）武曲星

穩紮穩打努力不懈

武曲通常被稱為財帛主，但是有些書籍也會說適合當官祿主，原因在於個性特質，但是這不能視為有一份容易賺錢的工作，因為武曲就算在財帛宮，都不算是容易賺錢的星曜，而是可以因為努力，一步一腳印賺到錢，並且算是財務能力不差的星曜。在官祿宮上被視為工作與學習的態度，務實而努力，以及在工作職場個性上重視承諾。不可否認地，這樣的態度容易在工作上有不錯的發展，畢竟誰不希望自己的員工有這樣的工作態度，絕大多數創業成功的老闆都擁有如此特質，在學業上有這樣的精神，通常也都會站在不錯的基礎上，因此，官祿宮有武曲其實算是相當不錯，只是這樣的個性特質也有些缺點，例如太過一板一眼，太注重金錢價值的利益（需要說明的是，這通常出現在武曲化忌或遇到煞的情況，但是並非他重視金錢很小氣，而是不喜歡花錢在沒意義的事情，說到底還是務實的態度展現，只是當煞、忌出現的時候，會因為太明顯而容易呈現在實質金錢層面，例如他可以借你錢，但是不能亂借或者需要計算利息，並非他很小氣的意思），這樣一個務實努力的星曜，搭配上對宮與雙星，會有什麼變化呢？

1.／武曲、天府同宮

「武曲、天府」同宮，對宮為七殺，讓這個組合無疑成為武曲中最穩紮穩打，在人生上有計畫一步一步朝向目標邁進的組合。天府的幫助讓武曲不會只懂得努力，而是有計畫的努力，但是相對也會少了冒險精神，因此這個組合即使創業，也是經過深思熟慮，適合的行業最好是穩定且只要努力就可以完成的，通常會建議到公家機關或警察軍事單位等紀律部隊。不過這種論法，其實還是要考慮如果命盤主人所在國家的警察單位風氣很不好呢？一旦去了豈不是很難升官？這也是筆者不斷強調需要看工作內容跟性質，而不是單純用職業討論的原因。

2.／武曲、天相同宮

「武曲、天相」同宮，因為天相星，需要注意職場的人際關係，對宮的破軍容易因煞星出現時，控制不住自己對於工作的想法，而放棄了原本武曲一步一腳印的務實態度，容易在工作職場上發生人際與合約問題，但是在沒有煞、忌的時候卻是如同「武曲、天府」一樣特質的人。因為天相與破軍的桃花人格特色，讓武曲一板一眼的固執特色減少很多，至少知道如何跟人溝通，適合的行業當然跟人際有關，公司內的協調角色以及業務職位都適合，因為天生給與人一份信賴感。

3. 武曲、七殺同宮

「武曲、七殺」這個組合在運限盤上，會有好前面五年、差後面五年的問題，原因來自於武曲所具備的一步一腳印的特質，其實算是某一種固執，加上七殺更是認定了就不回頭，當風險出現就會有問題，這也是這個組合一樣會被建議從事軍人跟警察或公務員的原因。不過應該考慮的是，這樣的工作態度其實相當不錯，做任何行業都有成功的機會，因為夠努力，對宮是天府星，讓他願意努力守護工作，只是需要注意不要太固執。

4. 武曲、破軍同宮

「武曲、破軍」對宮是天相星，相對於「武曲、天相」，這個組合更加浪漫，所以這個人對於工作上學習的投資不會手軟，破軍的夢幻推動著武曲的巨大齒輪一直往前衝。但是這樣的個性特質如同「武曲、天相」，也要注意天相如果受到煞、忌影響，會與人有財務問題。這個組合高機率地會創業，因為希望自己對人生的努力可以得到更多，因而願意更加努力，適合的行業因為破軍跟天相的影響，與人際有關係、創意以及貿易買賣都相當適合。

5. 武曲、貪狼同宮

「武曲、貪狼」是著名的武曲好格局，武曲的問題會因為有桃花星幫忙而減少。在眾多具備桃花特質的主星裡，貪狼可以說是最適合武曲的一個，不像破軍太夢幻，也不像天相雖然是桃花，但重視人際關係，雖然有自己的一把尺，只是尺度遇到煞、忌破壞又會衝過頭，相對來說，貪狼同時具備桃花，降低武曲的孤寡問題，又能夠用聰明跟博學幫忙武曲完成目標的組合。這麼好的條件，一樣有很高的機率會創業，適合的行業，基本上只要自己喜歡，沒有不能做的，但是需要注意受到煞、忌的影響，會有衝過頭的問題。

6.／武曲對宮為貪狼

武曲對宮是貪狼的百工之人，可以說是武曲組合中綜合成績最平均的一個，有武曲的努力、內心有貪狼的企圖，加上被貪狼影響的外在表現，降低武曲的孤寡，缺點只是有時候太務實。不過，相較於貪狼在官祿宮，企圖心不夠大，武曲也比貪狼在官祿宮更加務實地面對工作，因此具備了中年過後工作事業讓人羨慕的特質，只要不要遇到運限太差影響。

武曲星在本命官祿宮的小練習

武曲努力而務實的態度，在工作上通常可以讓自己得到不錯的成績，或許當下不顯眼，但是長久來說會後來居上，這樣的人其實就某個層面來說，很容易變成工作狂，並且因此影響感情，讓人覺得有點不近人情。在不考慮桃花星幫助降低這個問題的情況下，哪一個武曲的組合最容易有這樣的情況？

解答／

「武曲、七殺」這個組合最可能有這樣的情況，因為一旦做了決定，會不顧他人勸說。

（十二）●○ 廉貞星 理想與夢想的拔河

廉貞是理性跟感性的綜合體，如同德國人或日本人，極度的嚴格代表著紀律與效率的追求，但內心總有著一解放就無法控制的感性與浪漫。差異點在於是否遇到煞星解放，這樣聰明有能力的人格特質，讓他無論在命宮或官祿宮，都會是工作或學習環境的佼佼者，也會是群體中的萬人迷，因為他總是可以用最快最好的方法完成目標，至於當他奔放而出的感性會如何影響工作與學業等等人生的追求，當然就要看雙星與對宮。

1. 廉貞對宮為貪狼

當廉貞對面是貪狼，對於人生價值的追求會有莫大的慾望，讓他願意學習、願意接觸所有未知領域以及可能性，無論是人際圈與行為方式，這樣的態度容易讓這個人在工作職場相當吃香，但是遇到煞、忌一樣會有聰明過頭的問題，尤其是這樣迷人的人容易有職場的感情問題，如果可以讓廉貞補上個祿存或化祿，就會是相當完美的組合。基本上這樣的人不見得要求自己掌控人生事業，可以有各種不同發展的機會才是他的目標，與異性跟需要創意以及各種挑戰的日常，是他喜歡的從事的行業。

2.／廉貞、貪狼同宮

「廉貞、貪狼」同宮，對宮是空宮，會有類似對宮貪狼的特質，缺點在於對宮是空宮，所以遇到煞、忌的風險提高許多，再加上如果是子、午時出生的人，空劫星會在「廉貞、貪狼」同宮的位置，所以會有人生夢想很大，才智不輸人，關係也良好卻往往功虧一簣的問題。

3.／廉貞、七殺同宮

「廉貞、七殺」算是廉貞星系裡很適合在官祿宮的組合。廉貞星理性跟掌握全局的高度視野，搭配對宮天府的謀略，在任何環境都可以得到重視，缺點是容易遇到文昌、文曲同宮，加強了遇到煞、忌的機率，自然會影響原本廉貞理性聰明的特質，變成陷於感情的複雜判斷裡。

4. 廉貞、破軍同宮

「廉貞、破軍」是廉貞組合裡最容易創業的一組，甲年生或命宮宮干為甲的命盤，無論是生年天干或命宮影響，都會讓廉貞化祿、破軍化權，廉貞所有的優勢特質都在廉貞化祿時展現出來，雖然廉貞化祿的廉貞清白格有時候會讓廉貞的魅力下降一點，相對來說比較乖，只要乖通常就會少了賭一把的爆發機會，但是破軍在旁邊卻可以彌補這個問題，更別說破軍還會化權，是個穩定不亂衝的將軍，因此就希望有自己的事業，並且可以說是深思熟慮地完成夢想。唯一要注意的是對宮的天相畢竟還是怕煞、忌的，不同的創意跟夢想以及人際關係是他的強項，也是需要注意的地方。

5. 廉貞、天相同宮

「廉貞、天相」對宮是破軍，會不會有「廉貞、破軍」的優勢呢？可惜的是破軍在對宮的內心世界，不像在官祿宮直接發揮力量，用夢想跟浪漫推動廉貞的能力，而是在內心暗暗鼓勵著對宮的「廉貞、天相」，所以如果是破軍在官祿宮，創業的機會就高於「廉貞、天相」在官祿宮，畢竟天相星是重視規矩的一顆星，當然如果遇到煞、忌就不一定了，只是遇到煞、忌的時候，天相通常容易受到破軍影響暴走，決定的風險高很多。這個組合受到天相影響，人際關係產生的工作利益與成就，是相當適合的選擇。

6. 廉貞、天府同宮

「廉貞、天府」對宮七殺，受天府的影響，不需要遇到化祿跟祿存，廉貞也會調整到很好的狀態，甚至更加具備籌謀大局的企圖與能力。不過因為對宮的七殺，工作上的人際關係會稍微差一點，在遇到自己認定的目標又有煞星出現時，只要不是陀羅星，也會給與人工作狂的感覺，因為這個組合的人一旦決定事情，時就會希望計畫可以完成。

廉貞星在本命官祿宮的小練習

廉貞星一直以來都因為我們天生受教育的問題，無法理解亦正亦邪的變化，遇到天府同宮或者化祿的時候，理性而聰明，遇到煞、忌的時候，會將這聰明不受控制、不管社會價值地用在他想用的地方，這一類的人在職場上有相當的魅力，但是也容易出問題。如果你是老闆，看到這樣的員工，並且沒有遇到化祿跟祿存以及天府，該如何安排？

解答／

這裡說的是本命盤，本命盤具備的是個性特質，不具備因為個性產生的現象，所以廉貞星的風險在這裡相對變小，只需要注意運限中間是否有煞、忌會影響本命盤，如果沒有則不存在，單純就是個公司裡最佳的風雲人物，適合對內帶動氣氛、對外帶動業績，當下解決公司問題，帶領公司走往新的方向。

(十三) 天相星 一切照我的規則走

天相是個重視人際網絡與自我守則的人，在工作上當然最適合那種需要與人接觸，並且信守承諾的類型，願意助人且帶給人樂觀跟能夠拿捏人際分寸是他的優勢，保險業、里長這一類的工作都很適合。需要擔心的當然就是是否會遇到煞、忌，因為一旦煞、忌出現，規則崩壞，就會產生他自己都無法控制的影響，導致問題出現，至於這個問題出現在哪裡，當然就要看天相對宮是誰了。

天相對宮必然是破軍，當煞、忌出現影響的，就是天相會把自己的規則擴大解釋，超出了能力控制範圍，被破軍影響了。雖然破軍給與他職場上的好人緣，但是如果控制不好，也給與了因為對於重視好人緣的投資，所帶來的人際問題。對宮的破軍不會單獨存在，都是雙星組合，所以影響的會是另一顆主星的態度價值。

1.／天相對宮為紫微、破軍

對宮「紫微、破軍」，人生價值的追求具有崇高且自覺高人一等的夢想，當然這樣的夢想需要足夠的資源才能完成，沒有的時候就會覺得懷才不遇，總是不順利，適合的行業最好是人人稱羨，五光十色，喧譁奪目的類型，能夠展現人脈跟才華。

2.／天相對宮為廉貞、破軍

對宮是「廉貞、破軍」，如果「廉貞、破軍」遇到化祿、化權則相當不錯，就算遇到煞、忌，規則崩壞，也具備劍走偏鋒險中求勝的能力，在工作上總是可以用許多創意跟特殊的想法突破困境，適合的行業除了與人相關，最好可以跟創意與尖端產業連接。

3.／天相對宮為武曲、破軍

對宮「武曲、破軍」，是天相組合裡最需要擔心的一個，因為化忌的機會總是造成財務問題，這個來自於個性的務實價值堅持，沒有煞、忌時，夢想與現實可以同步，遇到煞、忌時，破軍推著武曲亂花錢，這樣的情況如果要創業，需要相當小心，不過通常這個人在這樣的情況下都是勸不聽的，畢竟破軍總是有著讓我們情緒夢想高漲的能力啊！

天相星在本命官祿宮的小練習

天相星怕煞、忌，煞、忌出現，規則崩壞，會蓋錯章、做錯決定。如果有人本命官祿宮天相，本來好好的星曜組合卻遇到大限天相化忌，對於天相的各種組合，我們該給與怎樣的建議？

解答／

天相化忌影響對宮的內心世界，也就是影響了這個人在工作上內心的期待，不照著規則走。如果對宮是「武曲、破軍」，要注意會有為了工作夢想而過度投資，或是與人有財務合約的問題。對宮是「廉貞、破軍」，要注意自己對於人生目標的追求可能為了快去搶短線，而忽略工作上的人際關係與界限。「紫微、破軍」則會讓那個皇帝忘了凡事要多深思熟慮啊！

十四 ●○ 巨門星 夢想藏在心裡

巨門的特質是黑暗，黑暗產生了不安與希望填補與滿足安全感的延伸特質，這樣的心態讓巨門在官祿宮或命宮，都會讓自己在人生目標的追求上非常努力。命宮當然因為統管十二宮，所以像巨門在官祿宮，讓這個人會用工作上的努力來滿足自己的安全感，這樣的心態連帶著讓巨門在官祿宮的人願意學習，願意充實自己的工作技能。

人生的價值與目標的追求，往往是我們的夢想與目標，巨門因為不安全感而將夢想藏起來，但是夢想藏得愈深邃往往長得愈巨大，因此巨門在官祿宮的人常常被忽略，其實是個有遠大夢想且希望能夠做大事的人。當然這樣的特質需要搭配上太陽在旺位，以及不能遇到陀羅星，否則會受到太陽落陷影響，讓黑暗過了頭，夢想藏得太深而不敢追求，要不就是因為陀羅影響，太過受到情緒躊躇的拖累。因此，這也是巨門在官祿宮常常被忽略了能力（別忘記巨門也是博學星，也是桃花，並且因為不安而有足夠的努力），而論入巨門具備的獨有特質：口舌能力，被稱為適合以口舌為業，這樣的論斷不能說不對，只是太平面單調。

巨門被解釋成適合口舌為業的背後原因，其實在於他博學，所以有論述能力，所以當有夢想，能力卻無法完成的時候，闡述想法就是最好的發揮。因此所謂口舌為業，就不適合大學以下的教師，因為這口舌談的是論事跟理念的闡揚，律師、需要給與人夢想的業務、特殊技能的教師，才是巨門適合的。餐飲業之所以也被認為適合，其實是因為巨門在官祿宮，天梁星一定在遷移宮，開店做生意需要有很好的來客，遷移宮代表來客，天梁星只要化祿，就會一直帶來客人，並且巨門通常很博學，有來客、還可以研究技術，所以適合餐飲。坦白說，單純「口舌」兩個字並非代表嘴巴要吃東西這樣的單薄解釋。

巨門受太陽影響，落陷較無力，簡單的看法就是目標達成的能力較無力，除此之外，其他特質都算是相同的。

1. 巨門對宮為天機

巨門對宮是天機，對工作努力有計畫，並且重視具有邏輯地投注心力，以及具備這些特質的行業，專業技術人員，並且最好是需要溝通的技術人員，會是這個組合所適合的。

2. 巨門對宮為天同

對宮是天同，在工作上通常會有不錯的人緣，並且不爭求工作地位的價值，反而重視工作上的心情感受與人際關係，因此教育跟公益事業是相當適合的產業。

3. 巨門對宮為太陽

對面是太陽且太陽在旺位，是巨門最好的格局「明日驅暗格」，工作上對外有領導能力，可以照顧人；對內則讓自己有足夠的自信，相信自己的能力，巨門因此產生了最好的溝通能力，高階經理人、公司領導者都適合這樣的組合。即使是落陷的太陽，巨門的不安全感增加，也讓這個組合的人更加能夠面對工作上的變動，以及願意在工作上做出各種努力，雖然常常動力不足，但是因為這個特質，所以這個人會願意做些遊走灰色地帶的工作。這個組合會遇到化忌跟化權，所以創業是必然的，只是等機會出現。

4.╱巨門、太陽同宮

巨門跟太陽同宮的組合，如果在寅這個位置，特質類似於太陽在對宮，對宮是空宮就過去之後太陽落陷，內心稍有不安，但是本身能力與特質足夠。若在申位，雖然本身努力與信心不夠，卻對工作事業充滿熱誠與信心，會讓人有在工作上虎頭蛇尾的感受。

圖三十九／

巨門命盤上各種組合，太陽旺位

巨門命盤上各種組合，太陽落陷位

巨門星在本命官祿宮的小練習

巨門的重點在於太陽是否在旺位，太陽落陷會讓巨門缺乏安全感。巨門也是桃花星，請問當太陽落陷的時候，巨門在工作上會有怎樣的優勢跟問題？

解答／

巨門在官祿宮對宮的內心世界其實是夫妻宮，情感層面影響著自己在工作上的期待，反之，工作上的努力跟期待不滿的時候，其實很需要情感來彌補。當巨門落陷，便容易從情感上尋求安慰。因此只要運限有桃花星出現，便容易在職場上投注感情，當然也可能出現職場上的婚外情。

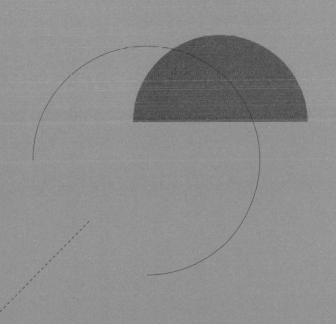

第十一章

田宅宮——

家是最後的港口

觀念建立

田宅宮跟子女宮一樣，為財庫的宮位，原因來自於這是對於家的態度，一個人想存錢是因為想要有一個家，想守護自己的家，想有個安全感跟安身立命的地方與機會。至於所謂的家對於這個人來說是什麼樣子，就需要看田宅宮裡面是什麼星曜了。畢竟每個人對家的概念都不一樣。例如「天機、天梁」對拱的人，會照顧家人，但不覺得家一定要在同一個地方甚至是同一批家人，所以「天機、天梁」對拱會被分析為常搬家，其實是因為相對於其他星曜，這個組合比較不在乎搬家給與的變動傷害（心理學上來說，搬家的傷痛僅次於喪偶）。

田宅宮說的是對家的態度，這個態度會影響自己存錢的能力，這是本命盤田宅宮為財庫的基本原理，當然運限盤的田宅宮因為煞、忌破財，那就是另一個層次的問題了。

既然是家的概念，田宅宮也會討論居家環境，以及對於家人的態度，例如「紫微、七殺」在田宅宮，對宮是天府，這個人有著天府王爺的特質，這個王爺又是「紫微、七殺」重視地位跟權力的王爺，會希望在家裡一切要聽他的，如果這個家無法如他的意思，就會覺得家裡沒有溫暖，不如預期，也容易往外面跑，或者覺得家庭成員都很自以為是，其實這是一種心理的彼此投射影響。這個部分我們可以用命宮和兄弟宮的邏輯去思考跟聯想，只是在此放入成為跟自己住在一起的人。本命盤是呈現態度跟價值，說的是對於同住一起的人的態度，因此女性婚後要看的是對於夫家的態度，運限盤說的是當下會發生的事情，就是你跟室友的相處關係了。

又例如，太陰在田宅宮，一定是個好媽媽，或是顧家的溫柔暖男。若對面是天同星，天同星比較隨和，所以他的家就會呈現很溫馨的狀態，跟家人比較隨意，也不會要求。那如果是天機呢？他的家就要一塵不染。天機在子田線上，一般會說這個人很容易搬家，當「太陰、天機」對拱或同宮又在四馬地，很容易變動，所以這個人是不怕搬家的。不怕搬家的人有一個特質，那就是會把東西收拾得很好，因此搬家時就不會那麼痛苦。如果對宮是太陽，當太陽在旺位，太陰對於家的庇佑跟照顧，就有點像太陽，會稍微強勢一點。這種對家的照顧，對面是天機的靠腦筋，天同靠與人為善，太陽靠立訂規則。

本章將介紹比較特別的內容。本命盤田宅宮也會影響一個人對於居住環境的考量，因此從紫微斗數在田宅宮的星曜，可以判斷自己生活周圍的環境有什麼情況。本命盤當然是自己天生的喜好，運限盤則是當下的居住環境狀況，以及室內布置，這個方法頗為有趣，也可以用這個方法透過紫微命盤知道這個人當下的居住環境是否有風水問題，以及問題在哪裡？影響了誰？對應星曜的時候，宮位內的星曜是同時解釋的，例如紫微為高樓，破軍為傳統市場，「紫微、破軍」同宮，就是高樓與市場同時存在。煞星也一樣，並且從田宅宮三方四正會有各自代表的方位（圖四十）。

★ 田宅宮為建築物外五百公尺方圓，以及視力可見，與室內布置。

★ 夾宮為左鄰右舍、上下樓鄰居。

★ 子女宮為建築物後方。

★ 拱的宮位各自為左半邊與右半邊。

圖四十／

田宅宮三方四正與夾宮各自的代表意義

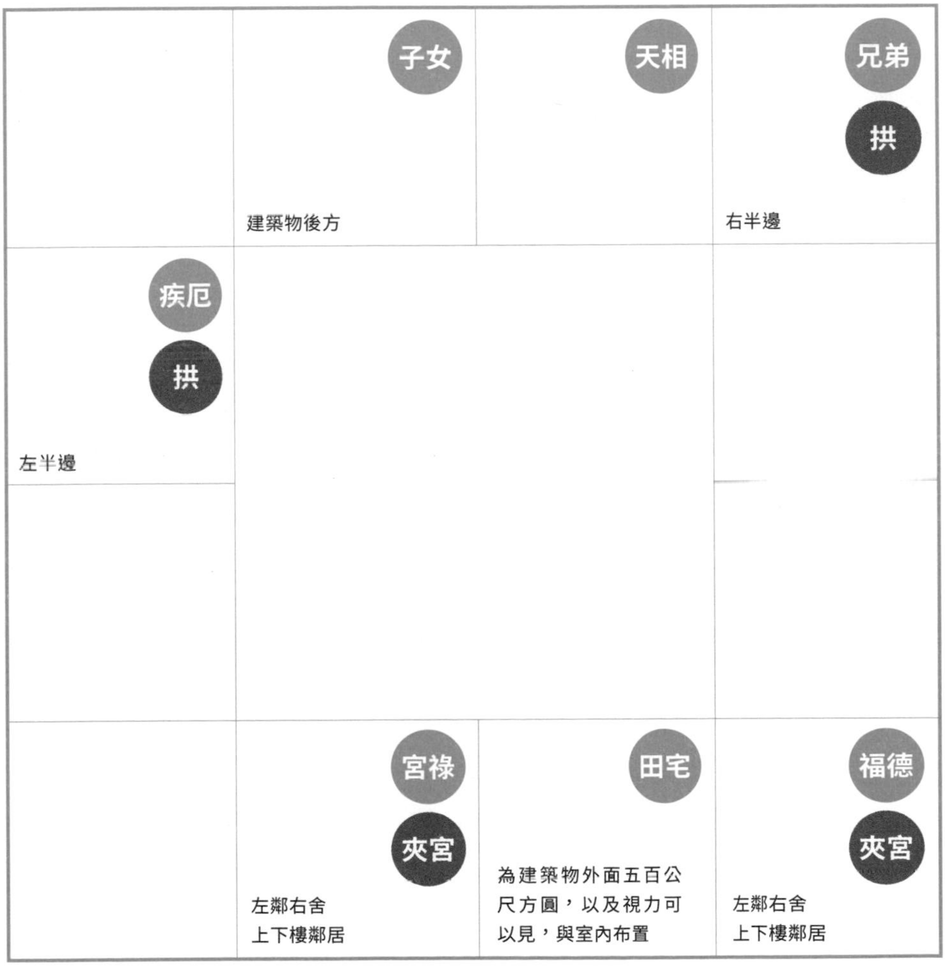

田宅宮代表跟家人的關係、居家環境、對家的看法、住的狀況、室內空間跟房子的外圍。有兩種看法，其一是你在家裡放眼望去看到的東西，其二是方圓五百公尺內看到的東西。因為有時候從房子看出去，看不到對面大樓下面的宮廟，但是它在你的方圓五百公尺內。所以，田宅宮指的是視線範圍看得到的，以及方圓五百公尺內看得到的，除非你碰到了一條很大的馬路，高架橋或是河流把它擋下。從田宅宮的三方四正看子女宮，指的是這個房子的正後方，田宅宮的三合，一個是左半邊，一個是右半邊。

本命盤田宅宮是我們出生時就有的，所以看的是出生背景、住什麼樣的房子、小時候住的居家環境，而運限盤就是看現在的狀況。原則上，田宅宮風水不太看雙星，裡面有什麼講什麼。例如「紫微、七殺」，就是紫微和七殺具有的特質都會呈現出來。

一 紫微星
人生的皇宮

紫微星是皇帝，化氣為尊，所以他要住在什麼地方？當然是高貴的地方，對一般人來說，可以是說得出來、比較有名的地方，所以紫微星的人挑選房子的時候，同樣的租金，如果這戶的門廳比較漂亮，另外一戶房子比較大，門廳沒有那麼漂亮，紫微星會選擇房子漂亮的。而且他要高樓，怎麼樣算高樓？通常七樓以上就算是。當然如果那個區域的房子都是十層樓，就會選擇十樓以上，總之最好自己可以高高在上。他會比較想要住高的地方住，或者周圍有高樓，因為有高樓的地方通常都比較繁華。紫微喜歡繁華的地方，所以要不我高高在上，要不這個地方不錯。居家的布置，比較喜歡閃亮亮（Bling Bling）的東西，或是在他能力範圍內，買些雕龍畫鳳這種東西，要讓人覺得自己住得還不錯。

㈡ 天府星 自己的王國

天府要的是什麼？天府要的是方方正正的房子。天府是務實的，因為房子是方正的，使用空間比較足。也因為務實，對他來說，同樣的東西，買到比較好的價錢比較重要。但天府星畢竟是王爺，不能住在太差的地方，天府要控制他的王國，希望住在有銀行、公家機關，這種地方條件不錯，然後方便，生活機能不會太差。

三 ●○ 天機星 不安於室也適應環境

天機的特質，如果逢空劫，居家就會亂；如果化忌，則會聰明反被聰明誤。他有一套自己的整理方法，當然大家也看不太懂。天機還有一個特質，因為他喜歡動來動去，所以喜歡住在交通便利的地方。此外，天機代表西醫，居家附近會有小診所跟西藥房。天機的住家周圍會有樹，只是如果煞星太多，樹可能就長不太好，有祿的就長得比較好。

至於在評量風水方面，要考慮現實上是否容易找到那樣的環境，譬如說這個人到底住在什麼地方，如果住在新疆烏魯木齊，你問他說：「你家附近是不是有一棵樹？」沒有啊，連草都沒有。

另外，天機也代表管線。流月田宅宮，天機星逢煞、忌，也有可能是管線壞掉。

四 太陽星

陽光讓我很舒服

太陽星要的是什麼？太陽星要的是光線明朗，注重居家環境漂不漂亮，而且要住在高地上，也就是地勢相對於周遭比較高的地方，以台北市來說，大概就是天母。不過就只是地勢較高，毋須到郊區山上的程度。那麼太陽跟紫微有什麼差別？紫微要高高在上，太陽只要不是低的就可以。並且要周圍光線好，不能有太多高樓在旁邊形成陰影，擋著採光。

㊄ ●○ 太陰星

溫暖的家也可能變成陰暗的家

太陰喜歡家有溫馨的感覺，這同時代表另一件事，那就是家中光線不夠，比較陰暗，所以喜歡住在巷子底，因為這樣才有安全感。住家周圍會有水池、游泳池（算水池的一種）、湖、蓄水池、水道（比較像水圳，不是樓下的排水溝）。也比較會住在餐廳旁邊、菜市場旁等媽媽會去的各類地方。

(六) 天同星 孩子氣的生活環境

天同周圍會有小學、書店、水池、娛樂中心（屬於小朋友的娛樂中心）。如果住在比較繁華的地區，周圍會有遊樂園、小公園，吃吃喝喝也會讓人感受到小小幸福，所以周圍最好也有許多飲食小店。

七 七殺星 對於自家住宅的堅持

七殺喜歡住在哪個地方，要看當下的心情跟態度，所以受命宮影響大。通常住家周圍有金融機構、商業區、派出所，或比較容易會住在有尖煞的地方，譬如廟旁邊。在以前，可能還會有金屬加工的地方，如金店、磨菜刀店，不過現在這類情況比較少了，畢竟社會環境有所不同。七殺對於居住環境有自己的品味，不在乎別人的看法，加上七殺是孤星，會希望不要被別人打擾，因此需要鬧中取靜，這是他內心會有的期待。

八、破軍星

破敗的情懷

破軍周圍容易有傳統菜市場、屠宰場、破舊房子、爛尾樓。這是一種對環境不在乎，只重視自己當下感受的選擇結果。由於破軍對宮為天相，因此會有交通要道。

九　貪狼星
什麼都要的居住環境

貪狼是博學的星曜，所以周圍會有學校。有別於天同的小學、天梁的大學，一般來講，會比較偏向國中、高中，或是人生各階段的學習環境，像是補習班。也會住在商業區、育樂區等比較繁華的環境。以台北來說，跟紫微、天府相比，紫微、天府偏向大安區，貪狼偏向林森北路，或是夜市旁邊、西門町，一樣是交通方便，有娛樂場所，酒店、小鋼珠店等的娛樂場所。貪狼也是宗教星，內心的慾望會引發對於風水的期待，所以家中也有機會用宗教或心靈類的物品來布置。

十 武曲星
更加務實地居住追求

武曲要的是務實，比天府更加務實，因為天府畢竟是王爺，所以還是需要基本的格局，但武曲不是，因此CP值要高、生活機能要好，周圍要有金融中心、派出所，對於居家狀態相對比較不重視。武曲雖然也是寡宿星，但是因為務實、追求CP值，所以即使跟七殺一樣屬金，卻不見得會追求隱蔽的環境，有自己的小天地。

十二 廉貞星 磁場強大的居住環境

磁場強大的廉貞想找到覺得不錯的居住環境，通常也會是磁場強大的地方，這類地方會是各類宗教、宮廟、身心靈聚會的好地方，所以廉貞居家周圍一定有宮廟，而且是通靈辦事情那種，因為廉貞星是五鬼星，會是這種跟靈有關的場所。廉貞還代表辦公大樓以及金融機構、法院，法院的解釋比較廣泛，派出所也算，因為在古代，他們做的事情雷同，是在現代才有差別。電塔、電箱、變電箱這類對環境有磁場影響的設施，也會容易出現在住家附近。

（十二）天相星

好的人際網絡要有好的交通環境

天相重視自己的人際網絡，要跟大家往來，當然最好要交通方便，鐵橋、鐵道、捷運、地下道，這是天相比較在乎的住家地點條件。居住的地方需要有好的門面，但不會像紫微那麼虛華浮誇。

⑬●○巨門星

黑暗的心黑暗的家

巨門屬水，但卻是黑暗的水，所以雖然也希望有好的交通環境，卻希望鬧中取靜，並且因為沒有安全感，也會有想躲起來的念頭，附近會是跟水有關的髒水溝、水池、水道、排水溝、地下道、涵洞、橋下的洞、隧道、停車場，或是跟餐飲有關的地方。

⑭ 天梁星

大樹下好乘涼

天梁代表居家附近會有大廟、教堂、大樹，這些地點源自於天梁是會追求身心靈宗教星。早期宗教發展聚集時，通常會在樹下，而後巫師出現，有了巫師就有巫醫，因此天梁也代表大樹、大醫院或宗教寺廟，有別於天機星較小的診所，與廉貞星的小宮廟。

其他輔星代表的環境特質

★文昌——文教區，家中會掛字畫。

★文曲——水池，家中喜歡種花草。

★左輔右弼——整排的建築物（但不一定是建築物，可能是河堤）。左輔，左邊一整排；右弼，右邊一整排。

★天魁天鉞——有名的地方、鬧中取靜，觀光區，但不要太吵鬧。

★擎羊——房間旁有煞、高塔，或尖尖的東西。

★陀羅——壁癌，外牆有問題、採光不好、漏水。

★火星——三方四正碰到廉貞、天機，容易管線有問題或破損。

★鈴星——小的煞，房子的電器會出問題。

★紅鸞天喜——熱鬧，要有水池。

★龍池鳳閣——靜中取鬧。

★空劫——房子有建築上的問題，周圍會有破敗或是空曠地。

第十二章

福德宮——靈魂之所在

福德宮代表一個人的福氣所在、祖上給與的福分（父母宮的父母，等於你的阿公）。在財帛宮對面，也代表來財的方式，所以福德宮化權會有機會創業，因為希望可以掌控自己金錢收入的來源；化祿則希望有多方面的收入。同時也代表花錢的方向跟方式（出外旅遊也可以看這個宮位）。

需要注意的是，本命盤跟運限盤不同，本命盤福德宮化權，會希望掌握自己的金錢，當機會出現，就會想創業，這是天生的觀念跟想法。運限盤化權則是當下會做這樣的事情或是有這樣的機會出現。花錢的方式與方向、賺錢的方式這些觀念性的東西，當然本命盤會有影響，如果是出外旅遊是否順利、運氣好，就要看運限盤了。

而本命盤的福德宮若是拿來討論自己的阿公，就可以比照父母宮、兄弟宮討論父親、母親的邏輯去看，不過一樣要注意實質影響力的問題，這也是為何一般都會說長孫比較準，因為阿公通常對長孫比較好。

除了上述，本命盤福德宮最主要的是代表我們的靈魂，或者說潛意識，並且可以衍伸為意志力。這一點常讓初學者甚至學習斗數很久的人搞糊塗，所謂靈魂跟潛意識，跟遷移宮的內心世界有何不同？命宮又代表了什麼呢？關於這一部分，因為我們的文化價值在於表裡如一，無法理解人會有多個面向，在本書各宮位的解釋一直提到這樣的觀念。傳統上對於命理學常有的說法，算過去準、算未來不準的其中一個原因，就在於此。因為外來可以決定事情的方向太多，影響決定的因素太多，所以我們會覺得難以判斷。但是如果我們可以理解**一個人面對各項人生事項時，其實會有各種不同的態度（所以斗數會有十二宮）**，就可以知道為何有人在事業上是女強人，在感情上卻又優柔寡斷，可能優柔寡斷的是對自己的男女感情，但是對於親子感情卻又異常狠心，並且同時間會做善事捐錢。其實人就是如此複雜，了解了複雜的心理層面，用同理心去判斷他的決定，就可以知道他會做什麼抉擇，自然就會增加準度。

另一方面，關於潛意識的存在以及對於人生的影響，在古時候相信靈魂學的年代，會用宗教角度理解，延伸到現代，反倒讓人難以明白所謂的潛意識到底是什麼。以道家的說法，我們可以認知為是自己的守護神，現代許多身心靈的說法喜歡用所謂「高我」，但是我更愛古埃及對靈魂學的看法。古埃及覺得人有兩個靈魂，一個是跟肉身綁在一起，受七情六慾影響的靈魂，死後就沒有了；另外一個則是不受自身七情六慾影響，可以獨立思考跟存在的靈魂，這個靈魂有自己的想法跟態度，不受生命影響，卻影響著我們的生命。人死後不斷重生的，其實也是這個靈魂，所以會有許多時候我們彷彿經歷過相類似的畫面，彷彿聽過同樣一句話，其實都來自於這個靈魂對我們的影響。佛教所說能帶我們脫離婆娑苦海的，也是這個靈魂。

這樣的觀點在現代來說就是潛意識，如果說命宮像是一家餐廳，這是一家中式料理，或是一家日本料理，或是一家素食餐館，也可以是一家速食餐廳。而遷移宮就可以當成這家餐廳的店長，內心對於餐廳的期待，希望是一家重視服務與客戶關係的日本料理，可能是天相星，所以門面要好，並且最好可以記得每位客人的名字（天相的人一定很愛這樣的餐廳），當然各類型的天相展現出來的又會不同，例如「武曲、天相」會務實一點，重視客人的態度在於價錢的回饋，「紫微、天相」則會浮誇一點，重視客人的部分來自於餐廳裝潢的細節品味。依照這樣的內心想法，因此展現出這家餐廳給人的外在感覺，就是遷移宮內心世界的想法展現出來，對外給與人感受並且影響別人觀感的部分。那麼福德宮呢？福德宮則是老闆能夠投注多少心力，有多少能力，能花多少精神，甚至運氣夠不夠好到可以完成這樣的餐廳，看的都是這個老闆，他才是這家餐廳真正的靈魂。

如同我們可以看到重視客人的日本料理店（命宮），希望注意細節的外觀（遷移宮），但是執行出來的結果卻不同，因為雖然目標相同但是老闆不同，結果也就會不同。因此，福德宮才是真正影響我們一生所有宮位，對所有事情態度的宮位，因為福德宮影響了命宮、遷移宮，連帶著也影響十二宮所有的變化。

舉例來說，貪狼星的福德宮一定是天相星，所以貪狼的慾望所在，潛意識裡會重視人際關係，因此貪狼為大桃花星。又例如太陰的福德宮是巨門，所以潛意識的不安全感，讓太陰在展現女性特質的時候，家庭的守護以及對於財富累積要用存錢的方式，便是受到巨門內心黑暗的不安全感影響，也是受到巨門這個黑洞喜歡收藏東西的影響。再看看天府的福德宮是貪狼，對於實際金錢的掌控，以及屬於自己的可控制範圍與能力，會有所追求。**潛意識影響了我們的命宮態度和真正的價值**，這也是為何紫微斗數的高手看的反而是福德宮，而非命宮。

如同前面提到埃及人認為人有兩個靈魂的說法，另外一個靈魂才是真正主導我們的靈魂，不受情緒的影響，卻影響著我們的人生價值判斷。而這樣一個潛意識的存在，也代表了我們是否有足夠的意志力或心態去突破困境，延伸出來會展現在自己的用錢態度，個性樂觀的人通常不重視金錢，因為不在乎金錢，通常會有貴人，人生也較無災難，這是誰的特質呢？是天同星。這也就是為何天同星為福德宮主，適合放在福德宮的原因了。當然人會隨著年紀愈來愈大，愈讓生活偏向自己靈魂跟潛意識價值的追求，當人生看盡千帆之後，會在不斷的人生歷程中回顧自己深層意識的價值，在一次次失戀之後，發現其實自己根本不是那個可以跟人爭奪感情的人，最終懂得不在感情路上爭奪。這樣的人生轉折，透過人生了解自己的過程，在晚年之後會讓自己貼近潛意識的價值觀，這也是福德宮被稱為晚年宮位的原因，因為我們終於明白，那才是我們真正要的。

一・紫微星 永遠的皇帝

怎樣的靈魂是皇帝？我們應該先想想皇帝的特質是什麼。紫微星化氣為尊，尊榮、尊貴是他的重點，因此紫微在福德宮，我們可以說這個人有尊貴的靈魂，在精神層面上希望自己跟別人不同，對於外界事物的吸收與接觸，會希望可以擁有更多心靈上的感受，買東西重視品味，娛樂消費要能彰顯自己的與眾不同。如果將福德宮當成來財方式，賺錢獲利的方法，則要能夠是讓眾人羨慕的，所以時尚業、社會價值上人人稱羨的行業，會是他的選擇，當然這是上要架構，還需要看對宮與雙星組合的搭配。

1. 紫微、七殺同宮

「紫微、七殺」化殺為權，讓紫微成為所有組合中最希望可以掌握權力的，因此掌握賺錢方式，就會讓這個組合想創業賺錢。權有「雙」的意思，起因在於當自己有兩份工作、兩間房子，甚至兩個妻子，感覺自己像是可以掌控一切，才能控制得比別人多，所以即便沒創業，也要多一點收入來源。這樣一個強勢的靈魂，代表會有很堅強的意志力，在遇到災難時，除非煞、忌太多，否則通常可以靠著意志力度過，缺點則是意志力堅強表示精神太亢奮，晚年往往會操勞，放不下心，並且因為重視務實的掌控能力，對於品味的追求會是紫微系列相對少的一組。

2. 紫微、破軍同宮

「紫微、破軍」是個有夢想的皇帝，當然我們知道破軍的重點在於是否有足夠的支援，所以這個組合如果紫微星三方四正有吉星，則會是一個福德旺盛，有很好的精神、意志力跟情緒調整能力的人。來財方式通常在於有創造力、與藝術、品味相關的事業會是他所適合的。對宮是天相星，所以最好是能跟人接觸的行業，缺點當然也是太旺盛的精神狀態導致晚年都閒不下來。

3. 紫微、貪狼同宮

「紫微、貪狼」這個受貪狼影響的貪玩皇帝，最重視精神享受，也是最有品味跟會追求心靈探索的組合，適合的來財方式是教育、創意、與宗教相關產業。除非遇到太多煞、忌，否則算是有福氣的福德宮組合，缺點是到了晚年可能還會有任性的孩子氣。

4. 紫微、天相同宮

「紫微、天相」在福德宮讓人重視人際關係，並且在人際關係上尋求自我價值。生活上的器物使用，人與人之間的舉止進退，對於人生的心靈探測，都會是「紫微、天相」的重心。對宮的破軍讓他對於來財方式，會投注在人際關係以及有創意，不同於一般社會價值的產業。因為天相怕煞、忌，只要不遇到煞、忌，運勢都不會太差，但是一樣在晚年會有閒不下來的心情。

5. 紫微、天府同宮

「紫微、天府」兩個帝星都在同一個宮位，不用說，這是操忙到老的組合。但是只要對宮的七殺沒有太多煞、忌，也是一個意志力堅強的人，遇到困難通常可以堅忍度過，尊貴與務實需要同時具備，生活的品味要追求，但是也不會亂買東西，這樣的態度當然也會希望可以掌控人生，所以當運限有適合的機會出現，一樣會希望可以創業，至少要能夠有多項收入來源。

6. 紫微對宮為貪狼

紫微單星，對宮是貪狼，簡單來說，精神品味的追求在於金錢慾望的展現，賺錢花錢滿足了他的靈魂，還好晚年除了希望自己過得很不錯，算是紫微星系裡相對不會太過操勞的，適合的來財方式也在於時尚創意、教育，跟宗教產業。

紫微星在本命福德宮的小練習

紫微在福德宮的好處是，除非是個很弱勢的紫微星，三方四正缺乏吉星，否則運氣通常都不錯，缺點是老年還很忙碌，請問要怎麼解決這個問題？

解答／

紫微的閒不下來，其實是希望自己的人生一直在被重視的情況，覺得自己應該凡事都高人一點。但是隨著年紀增長，影響力的降低往往讓自己老年時候追求過往的精采回憶。傳統上因為福德宮代表老年生活，都會建議應該放「天同、天梁」這一類星曜，這是因為過去的價值觀認為年紀大了就該安享晚年、含飴弄孫，負面一點的說法其實是希望人老了就不該有夢想，不要追求生活，這樣的價值觀下，當然紫微就會變成缺點。其實現在醫療的進步跟社會價值的改變，人的生命品質大幅度提升之下，年紀大了以後只要不要一直嘮叨子孫，讓人家聽你說了十萬次的笑話跟過往的光榮，還是可以追求屬於自己美好的夢想。操勞用在對的地方可以變成活力，一個有活力，對人生跟社會有熱情的老年生活，會是很迷人的。

二 天府星
永遠的王者

天府星對宮一定是七殺，讓他有絕對的意志力克服人生的困難，這樣的特質對於人生價值的追求、來財方式的規劃，只要不遇到陀羅星或火星，通常天生都會有很好的能力，清楚知道該怎樣讓自己有不錯的生活跟賺錢能力，因此各行各業其實都可以算是相當適合他。老年生活雖然如同紫微，也會閒不下來，不過因為務實的態度，所以會在自己能力範圍內追求人生晚年的富足生活。但是依照對宮的星曜組合，還是有一點不同。

1.／天府對宮為武曲、七殺

對宮是「武曲、七殺」，這個組合是天府最務實也相對衝動的一組，認真踏實的靈魂加上七殺，往往讓自己努力過了頭，但是只要不遇到煞、忌，不過度的財務投資，通常晚年生活不錯。

2.／天府對宮為紫微、七殺

「紫微、七殺」則因為紫微的影響，略同於「紫微、七殺」在福德宮，差異在於這一組更會希望創業，但是成功率以及能力會因為天府的影響而提高不少，尤其天府如果遇到祿存。

3.／天府對宮為廉貞、七殺

對宮為廉貞七殺，如果遇化祿或祿存，會有認真理性且靈活的理財能力，但如果遇到太多煞、忌，又沒有化祿跟祿存，可能容易投機走偏門而引發財務問題。

天府星在本命福德宮的小練習

天府在福德宮算是相當不錯，好的福氣、好的理財能力，並且性格穩定，但是在天府的組合裡，哪一組需要注意財務投資會出現狀況？

解答／

這個答案基本上一定是「武曲、七殺」這一組。因為武曲一化忌，理財風險就會因為太過躁進而提高，但是，天府其實有個重點，天相是對星，會彼此影響，所以才有逢府看相的說法。因此如果天相星遇到煞、忌，也有這個可能。

三 天機星 不安定的靈魂

善良而善變的天機，在福德宮的重點在於是否遇到煞、忌以及對宮星曜，從不安穩、不穩定造成我們的運氣動盪，到讓我們可以一生不缺錢都有可能，天機在福德宮有無限的驚喜。

1. 天機對宮為巨門

對宮是巨門的天機，善良的靈魂搭配聰明的理財能力，適合從事專業人員與教育工作者，遇到化祿跟化權時，無論在巨門或天機，都可以讓他一生不愁吃穿，並且有機會身兼數職。巨門重視太陽的旺與落陷，這個時候差異在於，旺位的太陽會選擇希望讓眾人稱羨的工作，落陷位則對於工作性質較不挑選。

2.／天機對宮為太陰

對宮是太陰，重視精神的享受，對於心靈的追求、宗教與文化的接觸，只要在可以接受的範圍內，會相當願意付出。適合利用人際關係以及需要數字邏輯的生意、進出口買賣業、創意美術跟文化的工作也不錯。

3.／天機對宮為天梁

對宮是天梁，心靈的冒險是他們的日常，金錢的冒險也是，遇到煞、忌或是化權、化祿，很願意嘗試各類投資，包含賭博。宗教方面的心靈成長與探索，也讓他們願意嘗試各類機會，甚至包含身心靈相關的活動與藥物的使用。

4.／天機、巨門同宮

「天機、巨門」同宮，天機的善變會被巨門隱藏起來，善變的靈魂只藏在深處，更多的是對於生命的不安導致對心靈深度的追求，標準的晚年會往宗教發展的類型。來財方式適合專業的知識型技術人員。

5. 天機、太陰同宮

「天機、太陰」同宮，與「天機、太陰」對拱相當相似，差異在於「天機、太陰」同宮的人更加敏感且重視人際，也因此如果遇到煞、忌，更容易有情緒上的問題。

6. 天機、天梁同宮

「天機、天梁」同宮，在福德宮雖然一樣像對宮喜歡投資，以及對於宗教生命的探索，卻不會像對宮在天梁那樣衝動，這是相對穩定的一組，缺點是不能遇到煞、忌。

••••

福德宮只要遇到破損，就等於運氣變差，這是因為自己的精神不安穩、意志力喪失，而造成自己本來運勢已經不好了，還會一直做出錯誤思考。天機星的差異在於化祿、祿存或者有吉星的時候，思慮清晰當然就可以扭轉運勢，若是遇到化忌或煞星，甚至空劫，則天機化氣為善以及連帶的邏輯思考能力就會走偏或喪失，因此會讓自己做出錯誤判斷，當然運勢就會變差，尤其是「天機、天梁」如果遇到煞星更是容易如此。

天機星在本命福德宮的小練習

天機星怕遇到煞、忌，我們看人是否能夠度過災難的時候，往往看的是福德宮，即使其他宮位差，也可能好運度過。請問天機在福德宮如果遇到煞、忌，遭到宮位破損的情況，該如何拯救？

解答／天機星在福德宮如果遇到煞、忌，「天機、天梁」這個組合無論同宮或對拱，幾乎只要有一個煞星，就可以造成破壞，其他組合則需要兩個以上。解決的方法有三種，一是讓化祿出現，無論是對宮、同宮有化祿、祿存出現，會讓災害變小，所以當下的判斷要看有沒有化祿或祿存，即使是同宮的其他星曜化祿也有幫助。或者，因為真正判定是否可以度過難關需要看至少三個福德宮，本命、大限、流年，或者小限，所以需要檢查是否三個都很差。最後一個是捐錢，「天機、天梁」都是宗教星，在福德宮的人表示有很好的宗教緣分，所以捐錢求神效果不錯，而且沒有限定是哪一種宗教的神。

四　天梁星　永遠的庇佑

天梁是福德主，出現在福德宮最好，有天梁在福德或命宮的人，天生就對宗教有相當的興趣，甚至某些流派覺得天梁在福德宮的人，前世基本上就是修行人，或者做了不少捐獻，並且如果天梁有化祿，通常這個人會有祖產可以拿，至少一生不缺錢，在危難時刻總會得到老天幫助、有金錢資助，但不一定讓他大富大貴，只是度過難關。如果天機因為有宗教緣分，在危難時候求援神明的效果很好，天梁就更是能夠直達天聽了。所以天梁在福德宮的人，基本上一生遇難呈祥，除非是極為巨大的災難，宮位內煞、忌超過三個以上，否則本命有天梁在福德宮的人，總是能夠在人生災難中全身而退。更棒的是這一點還可以不論組合跟對宮星曜，幾乎都具備這樣的特質。小小的缺點是，如果天梁化權，可能老年會變成碎念的老頭。

天梁星在本命福德宮的小練習

天梁在福德幾乎是福德宮最好的選擇，求神明幫忙總是比較容易靈驗，但不是每個人都如此，如果福德宮不是天梁星，又希望有這樣的效果，該怎麼辦呢？

解答／

我們除了本命盤還有運限盤，大限、流年、小限、流月、流日，所以本命沒有從運限盤可以挑選福德宮有天梁的時候，尤其是天梁化祿跟化科的時候。

五 ●○ 天同星 善良的靈魂

另外一個福德主是天同，當然也適合放在福德宮。不過天同的特質不像天梁是庇蔭星曜，在福德幾乎可以說一生受到神明、老天庇蔭（當然這類人其實人生常常也很倒楣，只是總可以度過難關，好像有神明幫忙，就是如此，古人才覺得他如有神助）。天同是個善良而心軟，不跟人計較的靈魂，這樣的特質放在福德宮，對應晚年生活的解釋相當不錯，與世無爭就是他了。對應在來財方式也相當不錯，懶惰輕鬆就可以賺錢。這樣的特質下，基本上他的人生也不會有太多災難，即便有災難出現，也可以用樂觀的態度度過。這樣的特質幾乎是所有的天同組合都如此。在福分和來財方式的差異則看雙星和對宮。

1.／天同對宮為太陰

天同跟太陰對拱，福分運氣與來財方式會展現在異性緣跟家庭與生活享受上。

2.／天同對宮為巨門

跟巨門對拱，雖然性格樂觀，但如果太陽落陷，會因為受情緒影響就亂花錢。

3.／天同、天梁同宮

「天同、天梁」同宮需要注意雖然可以逢凶化吉，但是通常凶險比較龐大、厲害。畢竟兩個福德主都在福德宮，應該是災難很多，才需要老天集中火力幫忙。

4.／天同對宮為天梁

若對宮為天梁，基本上就是一生不缺錢。

5.／天同對宮為巨門

跟巨門同宮的這一組，則受到巨門包覆天同的樂觀，本來就容易有不理性的情感思考，對應在代表精神跟靈魂的福德宮，如果太陽落陷又遇到文昌、文曲，也容易有精神方面的問題。

天同星在本命福德宮的小練習

據說天同因為個性太懶散，適合加個煞星。如果放在福德宮再加上煞星，這個福德宮會有問題，表示倒楣嗎？

解答／

其實天同加上煞星的好壞，來自於可以給與多一點的動力，但是「天同、大梁」對拱的組合，天同並不會懶散，是聰明地希望可以用簡單的方式面對問題，所以加上煞星給與動力，這個情況比較會是天同在辰，對面巨門的時候，其他時候加上煞星，天同的樂觀降低，當然會影響福分，畢竟他是靠著自己的樂觀而得到運氣，讓他可以度過難關的。

六 太陽星 主持正義的靈魂

太陽是天上最亮的一顆星，古人認為是所有萬物生長的能量來源，因此被引申為一家之主、父權的星曜，這是在命宮的太陽有主持正義的價值觀的原因。在福德宮有太陽，命宮一定是天同星，天同的人雖然個性樂觀和善，不會主動傷害人，即使帶了煞星也不會，因為他的靈魂深處是太陽，照顧人才是天同真正的價值。這樣一個可以主宰一切的星曜在福德宮，當然這是旺盛的福德宮，雖然太陽重視旺與落陷，但是差異只在於度過難關的艱辛程度，適合的工作通常必須要是能夠以知名度跟社會地位得到財富的工作，例如演藝人員、政治家、命理師，只要是隨著知名度上漲財富就可以跟著上漲的都算。落陷的太陽則容易遊走在法律邊緣的行業。依照這個標準看對宮星曜，可以將其做些約略區分。

1.／太陽對宮為天梁

醫療宗教與心靈相關產業。

2.／太陽對宮為太陰

同時具備太陰特質，所以跟異性相關或者吃喝日常消費相關產業，甚至同時兼任兩份工作，而以上工作情況遇到化權，就可以創業，自己發展了。這樣一個正義的靈魂，到了晚年當然容易閒不下來。

太陽星在本命福德宮的小練習

太陽重視旺位與落陷位，在本命福德宮落陷的時候，關於來財方式可以從事違反社會法律跟道德的行業，為何如此？

解答／

因為太陽重視正義其實來自於內心的價值跟正義，當太陽旺位的時候，會將內心價值偏向於一般大眾認定的價值體系，落陷的時候，則願意遊走在灰色地帶，這個原因來自太陽覺得一切都是他自己制訂出來的，他覺得可以就可以，根本不在乎別人的看法，這也是為何影響天同星在命宮的時候，容易在情感上落入三角關係的原因。

七 ●○ 太陰星 善良而心軟 容易招惹以身渡人的靈魂

太陰在福德宮，關於來財方式，當然跟異性有關。太陰重視享受，尤其是關於日常吃喝旅遊的生活享受，因為重視，就容易成為專業，也就容易在這一行賺到錢。在老年的生活上，除了受到太陰心思細膩想很多的特質影響，可能遇到煞、忌，會讓他晚年還會胡思亂想、沒辦法拋開煩惱之外，通常也會是不錯的晚年生活。許多星曜都會因為晚年還要操煩，而在世俗認知上會有不好的意思，但是一樣的操煩卻有不同的結果，例如「紫微、七殺」不煩心就會覺得自己沒有價值，太陽也會如此，甚至覺得人生很灰暗。但是太陰就是單純的情緒跟精神問題，這樣的情況尤其發生在對宮或同宮是天機星的時候，對宮或同宮是天同星的就稍微好一點。

比較特別的是，太陰星在福德宮如果跟一顆小的星曜「陰煞」在同宮或對拱，會有天生與另一個空間聯繫的能力，這個情況在與天機同宮或對拱的組合最明顯。日月同宮或是與天同同宮對拱的，則需要搭配煞、忌與運限才可能出現。

最後，太陰這樣一個充滿母愛，會照顧人的星曜，如果再加上桃花星，可能影響命宮讓來財方式偏向於與異性的情感買賣，再加上煞、忌，就可能會是情色產業。當然這個所謂情色產業範圍很廣，例如古人覺得演藝人員就算情色產業了，差異在於運限與生活環境給與的機會跟態度，因為在靈魂深處，他覺得這樣的工作其實是用情感撫慰人心的。

太陰星在本命福德宮的小練習

太陰星在福德宮遇到「陰煞」容易有靈異體質，但是不見得每個人都有遇到的機會，其中的原因來自於是否有環境可以遇到，以及這個體質的能力到哪裡，請問這要如何區分？

解答／

關於環境在於運限盤是否出現這樣的機會，運限盤在遷移宮、福德宮、官祿宮、命宮有遇到煞、忌，並且有宗教星，例如天巫、華蓋、陰煞、廉貞出現的時候，有機會。而本身的能力強度要看煞、忌多寡，跟是否還有其他如天巫跟華蓋的增強力量。

八、七殺星 無法放棄的靈魂

七殺星跟破軍星在福德宮，一般也會被解釋成不好，這當然是因為傳統上不喜歡七殺跟破軍這類讓人覺得不好控制的星曜特質。但是以七殺來說，這其實是個意志力堅強的靈魂，但是如果加上其他煞、忌，有時候會變成太過堅持，並且折磨於自己的精神狀態，所以我們需要區分是否遇到太多煞、忌。晚年的生活，七殺做福德宮，可以想見是到老都無法放鬆。來財方式除了適合努力付出的類型，付出的方式要看對宮。

1. 七殺對宮為廉貞、天府

如果七殺對宮是「廉貞、天府」，因為有天府存在，所以在同宮跟對宮上有兩個煞星其實還在可以接受的範圍，但是廉貞不能化忌。需要創意跟人際關係的大企業，會是他很適合的工作，以穩定的投資報酬來為自己在工作之外增加額外收入。

2. 七殺對宮為紫微、天府

如果是「紫微、天府」，兩個煞星就會人多了，除非紫微星遇到吉星。有高機率希望可以創業，紫微有吉星幫忙，做什麼都不錯，如果沒有建議，還是穩定找個小生意或是到大企業上班就好。

3. 七殺對宮為武曲、天府

「武曲、天府」的問題一樣是武曲不能化忌。沒有上述的情況，這個福德宮就算不錯，遇到災難，雖然艱辛，還是可以度過，但是精神上的焦慮就難免了。適合專業技術搭配穩定的金融產業工作，有適合的機會可以選擇創業。

九　破軍星　奔放熱情的靈魂

破軍的化氣為耗，會被說成相當糟糕的意義，在福德宮當然也是如此，破財、精神耗弱加上晚年的不堪，其實並非如此。以來財方式來說，創意跟走在時代尖端的產業，會是他很適合的方式。如果晚年的生活是全世界旅行，做藝術創作這樣看起來很不安分的規劃，卻是相當適合破軍星。在精神跟運勢方面，破軍只要遇到化權，其實都相當穩定。沒有遇到化權時，只要不碰到太多煞、忌，也不會有問題，只是破軍確實不能遇到太多煞、忌，超過一個就要注意風險。

1.／破軍對宮為武曲、天相

對宮是「武曲、天相」，在財務以及與人的投資上很難避免風險。

2. 破軍對宮為紫微、天相

「紫微、天相」，問題會出在人際關係以及如果有創業，都會有財務問題。

3. 破軍對宮為廉貞、天相

對宮是「廉貞、天相」，最容易因此影響自己的精神狀況。

以上這些組合都不能再遇到文昌、文曲，否則就容易因為自己精神情緒的問題，而做出錯誤的判斷。年輕的時候會因此影響財運跟工作，年紀大了則會影響晚年生活以及睡眠跟精神狀態。

十・貪狼星 潛意識的慾望所在

慾望之星在哪個宮位，就會在那個宮位產生慾望所在。福德宮有貪狼，貪狼的慾望對應在福德的精神與靈魂，讓我們希望探索自己的靈魂，所以貪狼的宗教特質就會發揮出來，這類的人會希望尋找自己的心靈，當然就容易接近宗教文化。對於來財方式，也會希望有各種不同的嘗試跟機會，這樣的個性在晚年生活來說，一定是不能安穩但是相當精彩的。

貪狼星是一個很好的案例來說明對應宮位解釋，曾有老師解釋貪狼在福德宮的人好色，因為貪狼是桃花星。其實不然，因為福德宮談的是靈魂跟精神，所以只能對應貪狼的慾望，因為是福德宮，所以是追求心靈的慾望，這個人就算好色（可能有其他原因造成重視性生活），也是重視性生活並且連帶心靈層面，所以要說這個人在性上面應該是重質不重量。

1. 貪狼對宮為武曲

對宮是武曲，來財方式適合靠專業技能，並且願意為了學習知識投資金錢。

2. 貪狼對宮為紫微

對宮是紫微，則重視心靈層面，對藝術跟各類文化宗教活動相當有興趣，會購買宗教文物。

3. 貪狼對宮為廉貞

對宮是廉貞，適合以創意跟人際關係的工作來謀生賺錢，這個組合也是在遇到煞、忌時，最容易有靈感體質的一個。

七殺、破軍、貪狼在本命福德宮的小練習

同樣有煞星出現的時候，七殺、破軍、貪狼哪一個在福德宮的風險最小？

解答／

貪狼星。因為四煞星中的火星跟鈴星對於貪狼反而是好的組合，成為火貪格或鈴貪格，對應財帛宮如果遇到化祿，有機會賺大錢。擎羊跟陀羅都只是讓貪狼容易將錢花在吃喝玩樂與風花雪月上，或是精神靈魂容易沉迷於此，但是殺傷力卻不大。

(十一)●○武曲星 剛毅的靈魂

武曲的剛毅個性跟特質對應福德宮，當然就是剛毅的靈魂。怎樣才是剛毅的靈魂呢？例如「武曲、七殺」在福德宮，命宮是天相，天相星應該很重視人際關係，並且有跟人周旋的手腕，但是這個天相雖然重視人際關係，卻是天相裡最不願意妥協的一個，尤其在金錢價值上，這就是靈魂的概念。剛毅的靈魂當然也代表了堅強意志力，以及晚年的煩惱不停，至於運氣與來財方式，則要看星曜組合。

1. 武曲、七殺同宮

「武曲、七殺」，對宮是天府，來財方式在遇到化權時會希望可以自己創業，適合的產業通常是一步一腳印慢慢打拚的類型，例如開餐廳就不能開浮誇的餐廳，反而是快餐店需要大量人潮就很適合。因為對面有天府，如果煞、忌沒有超過兩個以上，基本上運勢不算太差。但是需要注意武曲如果化忌，會有過於固執的投資個性造成破財。

2.／武曲、破軍同宮

「武曲、破軍」對宮是天相，這個靈魂剛毅之外帶點浪漫，但是這份浪漫容易讓自己花錢如流水，容易出現創業時有合約與財務糾紛，畢竟浪漫的靈魂沒有謹慎的心情。但是如果破軍化權，基本上是個不錯的福德宮，感性、理性兼備的精神狀態，讓他可以逢凶化吉。

3.／武曲、貪狼同宮

「武曲、貪狼」這一組在福德宮基本上可以說是武曲系列最好的一組，貪狼相對地不怕煞星，幫助武曲不會太過固執，更別說因為對宮空宮可以借到對面，很容易雙化祿、雙化權的組合，有源源不絕的創業跟各方面的好運，唯一的缺點是如果遇到文昌、文曲同宮，運勢走得不好，會有精神方面的問題。

4.／武曲、天相同宮

「武曲、天相」同宮，這個唯一需要擔心的就是遇到煞、忌會有財務投資的問題，以及對自己的要求過多。

5.／武曲、天府同宮

「武曲、天府」同宮，有了天府當然是個穩定而堅強的靈魂，以抵擋災難來說，這會是最好的組合。財務上就需要以穩紮穩打的投資來幫助自己累積財富了。

武曲星在本命福德宮的小練習

武曲會遇到化祿、化權跟化忌、化科，而福德宮代表來財方式，所以武曲的四化在福德宮會各自對賺錢的方式有怎樣的影響？

解答／

化祿　本來不屬於自己而多出來的，會因為努力為自己帶來很多的賺錢機會。

化權　希望可以掌控來財方式，因此不是找到機會創業，就是努力爭取兩份收入來源。

化科　希望有不錯的收入，會想要找機會投資，尤其是大家都說好的那種機會。這時候就要注意是否有煞、忌出現，否則反而會因投資錯誤賠錢。

化忌　武曲的金錢價值產生的化忌空缺，讓自己的靈魂在一個缺錢就不安全的狀態，所以會努力賺錢。至於怎麼賺，除了會努力、努力、再努力之外，就一樣得看對宮位搭配的星曜，運勢好會賺大錢，但是有時候會努力過頭反而賠錢。

(十二) 廉貞星 無法控制與綑綁的靈魂

磁場強大的廉貞星，在福德宮有著超乎其他星曜的靈性跟精神，如同廉貞星在其他宮位遇到化祿跟祿存，具備穩定、聰明、理性的一切優良特質，搭配雙星的組合，還可以穩定旁邊的星曜，只留下雙星中的各類優勢。

1. 廉貞、七殺同宮

遇到七殺同宮，剛毅而堅持的靈魂，理財有能力且對於事業跟理財都能夠有自己的有效方法。

2.／廉貞、破軍同宮

與破軍同宮，利用人際關係，從事跟創意有關的工作，會是他最好的理財管道跟方向，遇到化權還有很好的創業機會跟能力。

3.／廉貞、貪狼同宮或對拱

與貪狼同宮，適合宗教文化創意相關的工作，並且有不錯的宗教緣分，如果對宮是貪狼，也會具備一樣的特質，但是會比同宮更加具有宗教緣分。如果再加上天巫、陰煞，甚至會有靈感體質。

4.／廉貞、天相同宮

「廉貞、天相」則非常需要有化祿跟祿存，否則容易投資合夥錯誤，精神也容易受到影響。

5.／廉貞、天府同宮

「廉貞、天府」則因為天府可以不需要遇到化祿跟祿存，會有很好的理財能力，當然也可能因為運勢不好而出錯，但總是有機會救回財務。

••••

以運勢來說，除了「廉貞、天府」比較強壯以外，重點就在於有化祿、祿存不怕煞、忌，兩個以內都可以控制得好，沒有祿，遇到煞、忌就需要擔心會因為不好控制的靈魂影響命宮，做出錯誤的決定。

因為廉貞是磁場強大的五鬼星，所以在福德宮如果遇到煞、忌，優點是第六感不錯，缺點是容易與靈異世界有連結，尤其又遇天巫、陰煞、華蓋。這樣磁場強大的星曜在福德宮，晚年要清心寡慾當然很難，宗教方面的追求，會是晚年的方向。

廉貞星在本命福德宮的小練習

廉貞怕遇到煞、忌，請問如果廉貞化祿、破軍化權，遇到大限造成廉貞化忌，這樣會有影響嗎？

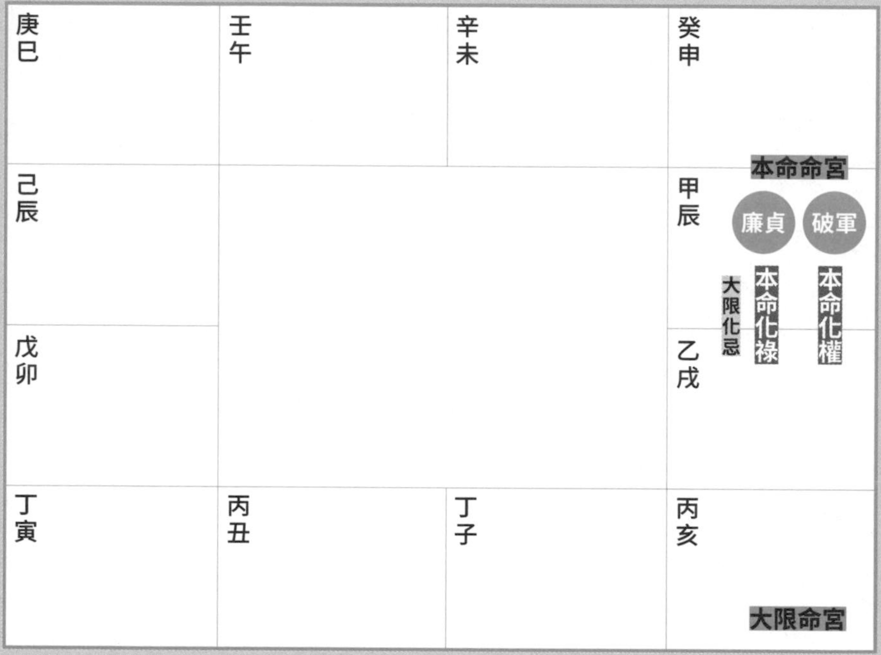

本命廉貞化祿、破軍化權，大限廉貞化忌

解答／ 可以說是他本身具備穩定而有創意的想法跟靈魂，精神飛揚卻不會不受控制，雖然大限有廉貞化忌，會希望自己能夠有過往的想法，卻不會受到太多影響，只是希望這個大限可以有些不同的投資跟財務應用。

（十三）天相星
為自己編織好的蜘蛛網絡

天相在福德宮，命宮一定是貪狼星，靈魂深處重視人際關係，影響著命宮的貪狼成為大桃花星，對應的理財方式希望依照自己的人際關係、人脈，與在內心可以被依循的網絡，如同蜘蛛安穩悠哉地在蜘蛛網中一般，這也是貪狼星會這麼願意讓自己與人為善，希望與人人做朋友的原因。但是這張被自己靈魂掌握跟建構出來的蜘蛛網，需要擔心是否會破裂，遇到煞、忌出現，蜘蛛網斷裂，危機就會出現。可惜的是蜘蛛網是脆弱的，小小的一個煞、忌，就會讓這個福德宮有危機出現，更別說兩個了。破掉的蜘蛛網，掉落下去的災難來自於對宮的星曜。

1. 天相對宮為廉貞、破軍

對宮是「廉貞、破軍」，容易為了夢想與人際關係而控制不住財務，這也是最容易追求宗教上的能量跟祝福的一組。

2. 天相對宮為武曲、破軍

對宮是「武曲、破軍」，更是直接在財務上出問題。當然如果他不創業或投資，這個問題就會降低，但是武曲的個性會讓他為了夢想根本不聽勸告。

3. 天相對宮為紫微、破軍

對宮「紫微、破軍」這一組相對來說比較能抵抗煞、忌，尤其如果紫微遇到三方四正有吉星。然而，若煞、忌過多，強勢有夢想的皇帝也容易控制不住錢財、排除風險。天相在福德宮適合利用自己的人際網絡創造財富，不可否認地，能量和運勢都不差，加上這麼重視人際關係，晚年或許比較適合在鄰里間當個眾人尊崇的長者，一方面滿足自己的精神，一方面貢獻自己的能力。

天相星在本命福德宮的小練習

天相害怕遇到煞、忌，除了對宮「紫微、破軍」那一組可以稍稍抵抗超過兩個以上的煞、忌，還有什麼組合可能會有這樣的力量呢？

解答／

對宮「廉貞、破軍」。廉貞化祿、破軍化權這個組合，讓靈魂的內心強大而不怕困難。

十四 巨門星

除了不安還是不安，有了光明才能忘記黑暗

巨門為黑暗之星，黑暗的靈魂感覺上不太好，其實黑暗的靈魂表示這個人因為有許多不安藏在靈魂深處的孤寂，需要被安慰與溫暖。巨門在福德宮，命宮一定是太陰，這也是造成各種太陰組合在命宮的人，會希望保護家庭的原因，而同樣的母性星曜有不同的守護方式，例如：「太陰、天同」在子，被稱為月生蒼海格，基本上是太陰星中不錯的格局，聰明個性好，男生當清官，也有很好的商人條件，有桃花有人緣。女生相當有能力卻不爭不奪，只會善良地照顧身邊的人，但是內心會有著堅持跟分寸，古書上稱為最好的小三。看看他的福德宮，剛好會是「巨門、太陽」同宮。巨門受到太陽同宮的照曜，變成學識豐富的大宅院，少了黑暗多了陽光，以及伴隨而來巨門的善良溫厚，這樣的靈魂讓「太陰、天同」具備前面說的那些特質。

但若「太陰、天同」同宮在午，計較心態相對提升，因為這時福德宮「巨門、太陽」在申位，太陽不夠力，所以有機會讓巨門的黑暗出現，靈魂在黑暗孤單的狀態，當然就會讓太陰覺得需要更努力地爭取跟守護家。所以巨門在福德宮是否會因為黑暗而影響精神，還是要看太陽星。

以運勢來說，若是太陽落陷，但是巨門化祿或祿存，還是可以利用巨門善良的特質來增加福氣，以及巨門本身具備的隱性宗教特質，加上對心靈空缺而追求心靈的提升加以改善。如果又遇到煞、忌，會因為不安、孤寂而追求心靈滿足，也容易因自己的心思不安混亂影響命宮做錯決定。晚年的生活一樣要看太陽是否在旺位，落陷的太陽搭配煞、忌，會讓巨門在福德宮的晚年有較多操煩，宗教上的依靠是很好的選擇。這樣的問題在跟巨門同宮或對宮對拱時會更明顯。

以來財方式來說，與天機同宮或者對拱，適合跟數字有關、具有邏輯思考的專業技術，這方面的專業人員或學問教授都相當適合。跟太陽同宮或對拱，則與人群有關的行業，歌手、政治家、教育家、演說家、宗教事業都不錯。

巨門星在本命福德宮的小練習

巨門需要太陽照曜，太陽落陷的巨門在福德宮，對於福德宮的來財方式來說，適合遊走法律與社會道德灰色地帶的行業。試著想想哪些工作是這類的工作？

解答／ 所謂灰色地帶，就是其實不一定犯法，甚至犯得不嚴重的工作，例如許多新創的事業，法律法規尚未規定，或者如情色行業，但是這樣的行業也有許多不同範圍，甚至在有些國家根本不犯法，這些都可以算是灰色地帶。

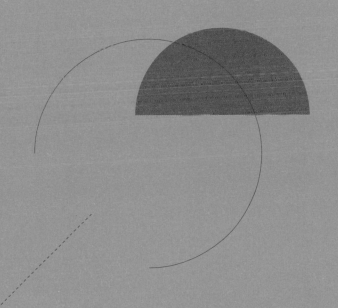

第十三章

父母宮——

爸爸真偉大

觀念建立與推演

父母宮是少數在本命盤上可以看到現象的宮位，因為本命盤說的是與生俱來的事情、能力、特質、個性等等，所以本命盤的夫妻宮不能拿來看自己的老婆是什麼樣子，只能說自己希望的老婆是什麼樣子，或者自己對感情的態度。但是父母早我們出生，可以說是與生俱來，我們對於父母的態度通常也受到第一大限小時候的影響。父母宮通常說的是父親，而兄弟宮說的是母親，因為兄弟宮剛好是父母宮的夫妻宮（圖四十一）。

圖四十一／
兄弟宮為父母宮的夫妻宮

父母宮通常說的是父親，包括父親會給與我們長相的遺傳、個性的潛在影響、家世背景的情況、受教育的程度，甚至是身體疾病的遺傳，例如父母宮的星曜有化忌，影響對宮的疾厄宮，並且可以看什麼星化忌（可以對照疾厄宮那一章所說），表示自己在某個臟器受到天生遺傳的影響，可能比較差。當然也可以看出自己與父親的關係、父親是個怎樣的人。

但是如果從小就沒有父親呢？從小沒有並不表示沒有生理上的父親，只是可能沒有實質上的父親，畢竟我們不可能從石頭裡面蹦出來，或者母親如同聖母瑪利亞般處女懷孕。如果從小沒有父親，因為父親過世、死亡，與母親分離等等諸多原因，這時候我們可以依照他不在身邊的時間去推算，從何時開始就不屬於父母宮的範圍。例如，有人的父親在第二大限過世，這時從第二大限開始，父母宮就不再代表他的父親，可能是他的養父，甚至可能是母親取代了這個位置。這時候第二大限開始的父母宮，所代表的可能是養父或者母親與他的關係，而這個養父也可能是他的叔叔，或是他的祖父，可能是舅舅，但是實際上代表父親照顧他的那個人就算是。如果自三兩歲父親就不在，由母親養大，這時候父母宮討論的就是母親，因為紫微斗數看的是實質影響力：真正是誰行使這個宮位的權利與義務。

但是，關於遺傳的部分，無論如何說的都還是天生父親的遺傳，因此，這個人可能父母宮「武曲、天相，武曲化忌」，但是父親早年過世，由母親養大。他的武曲化忌一方面表示有天生遺傳而來，肺比較容易過敏或者有內分泌的問題，一方面母親會重視他關於金錢方面價值觀的教養，可能有時候也會因此跟母親有些意見的不同而紛爭。這是武曲化忌需要分開解釋各種不同的情況。

而因為這代表了小時候受教育時期的教養問題，以及相關聯的家世背景，所以有些書說父母宮是所謂光明線：因為有好的父母親才會有好的教養跟生活環境，讓自己一生得到光明。這種說法是否正確，其實在古書上是沒有的，純粹是老師個人的解釋跟認定。我們看書需要從古書談到的基本原理結構去討論，刪除因為當代價值觀產生的論定意義，就可以釐清許多因為個人因素設定的解盤看法，這樣的看法往往隨著時代變動而變動，在五、六十年代，可能因為父親是黨國高官，就真的是一生有了光明燈，但是在現代社會是否如此，便很難說了。

也有許多說法，關於父母宮可以當成上司看待，其實，關於上司應該從官祿宮來看，除非上司是可以決定你工作職場生死的人，例如他可以因為任何事情讓你沒有工作，你必須把他當成父母親來孝順，這時候才能用父母宮來看，並且無論是用官祿宮或父母宮，一定是在運限盤，否則難道我們一出生就會有個老闆嗎？

父母宮有時候也會當成表示有官非產生的宮位，天府、廉貞、破軍、巨門、太陽、天相、文昌在父母宮而遇到煞、忌出現，也表示可能有官非問題。當然，首先還是要先認定所謂官非問題，並非一定是打官司，也可能說的是約定被破壞。彼此的約定被破壞了，無法自己解決，才需要訴諸法律，所以所謂官非是打官司，那是因為無法自己解決，才往官司的途徑發展。因為法律本來就是道德的底線，道德的產生來自於人與人之間彼此的約定。例如，我跟你約好將房子租給你、我跟你約好租你房子一個月給多少錢、我跟你約好一輩子照顧妳，不要妳了財產會分一半給妳、我跟妳約好，除了妳不會再跟別的女人上床，當然也不會跟男人。我們大家約好了遇到紅燈不能右轉、遇到平交道柵欄放下來不可以衝過去、騎機車要戴安全帽……這些都是約定。當約定被破壞，打官司是其中一種途徑，但是並非絕對的情況，而一般所謂官非跡象其實只是約定被破壞，因此產生了問題，當然這是一種現象的發生，所以也不會出現在本命盤，除非自己的父母宮遇到的煞、忌是從運限盤產生，這就有可能了。那麼為何會是上面那些星曜呢？天府化氣為權，說的是權力的掌握。廉貞化氣為囚，說的是自身規矩的控制。天相是與人以及自身的規則約定，太陽則是規則的制定者，破軍當然就是破壞者，巨門則是口舌問題，文昌是文書筆墨寫錯字、立錯條約。父母宮在本命盤，代表可以影響我們人生的一個人，在運限盤就可以被視為我們與政府社會的關係，因此當這些星曜遇到煞、忌破壞，就可能表示我們本來的約定被破壞了。

所以，關於父親的長相外表，可以參考疾厄宮、命宮說的外表長相。至於父親是怎樣的人，也可以參考命宮，就是把父母宮當成是父親的命宮。與父親的關係，則依照各星曜的不同，可以參照兄弟宮與媽媽的關係來解釋，並且注意到，父母宮出現化祿、化權、化科、化忌，是少數由對方給與我們的四化，一般六親宮位都是我們給與對方，例如化祿在夫妻宮，是我們對感情投注心血，雖然那份感情不代表某一個人，只能說可能有某個人代表了他的感情。對於僕役宮化權，表示我們會重視朋友關係，希望在朋友間掌握權力，能夠領導大家。但是在父母宮，四化卻是父親給我的態度，化祿通常都是對我不錯，化權是喜歡掌控我、給與權威感，化科則是讓我覺得父親很是個不錯的人、有名望的人，化忌除了影響我的身體，讓我有遺傳疾病，也會讓我覺得跟他相處總是不如自己心意，但這通常是父親個人造成的，與夫妻宮化忌是自己的感情問題不同。

最後很重要的是，看父母宮判斷父親是一個怎樣的人時，需要連對宮的疾厄宮一起看，當然這其實是每一個宮位都需要去做的事，只是對於從六親宮位中判斷某一個人，通常都是在運限盤上，只有代表父親的父母宮可以從本命盤來看（如果父親的人生落差很大，例如你出生時他坐牢，你念大學時他創業成功，那就要考慮運限盤）。因此需要注意代表對外關係跟感受的對宮，也就是疾厄宮，才能判斷準確。

本命盤父母宮的小練習

父母宮代表父親，卻是實質上產生父親影響力的人，並非一定是我們生理上貢獻精子的那一位父親。如果出生時父親因為某種原因不在身邊，而由另一位男性照顧自己，依照星曜跟宮位的邏輯，我們可以想一想，這時候父母宮會有怎樣的跡象？

解答／

自己的父親無法照顧自己，但是多一個旁人來照顧，所以父母宮裡面等於有兩個爸爸的存在，是怎樣的情況會有這種跡象呢？父母宮裡多了一個其他的人，在六吉星中有特別代表另一個人的四顆星：左輔、右弼、天魁、天鉞，父母宮有煞、忌再加上這幾顆星，就表示小時候可能有義父母，通常表示原生父母無法全心照顧自己，委請他人照顧，但這裡說的是實際上真正給與生活照顧。華人有所謂給神明當契子的說法，除非這個人在宮廟長大，否則就不能算是。若細分是男生還是女生，則左輔、天魁是男生，右弼、天鉞是女生，如果這個男生只是私下給與金錢或生活資助，則天鉞也有可能。在某些情況下，化權或日月同宮也會有機會。

第十四章

煞星的力量

觀念建立

我們學習星曜，有了基本了解之後，就會開始希望解讀盤上的意義，可惜許多時候準度不高，這並不是因為紫微斗數不準確，而是我們習慣將紫微斗數用現代流行的星座看法去看。除了前面提到的，我們忽略了每個星曜需要對應宮位解釋，例如武曲星的財星特質只會出現在命宮跟財帛宮，其他宮位只能對應他的耿直個性。貪狼的慾望與桃花需要對應宮位解釋，討論賺錢方式的時候，可以說他利用桃花賺錢，卻不能因為他在福德宮，就說他是個好色的靈魂，因為福德宮說的是精神態度，要用慾望去解釋，並且看對宮是什麼星曜。

這樣的觀念其實是學習星曜的基本觀念，可惜我們習慣背誦式學習，失去了利用推演產生答案的能力，但人生不可能是死硬的，我們並非機器人，所以推理的觀念是紫微斗數學習中最重要的部分。有了這樣的觀念，就不會在初學星曜之後，看到煞星卻不知道該如何解釋。我的教學經驗是，即使上課不斷提醒，但學生還是習慣把煞星直接當成不好的意思，這當然是因為絕大多數的老師甚至書籍都這樣形容，也是我們自己面對文字的字面涵義心裡無法突破的障礙，無法理解所謂的煞只是一個代名詞，並非一個絕對的形容詞。

煞星被設計出來，背後的原因來自於我們心理上無法控制的衝動，以華人奴才文化的社會環境，衝動當然不好，反正只要違反皇權，都不是好事，只要不聽話，都是不好的孩子。這樣觀念延續至今，其實許多人都還是如此想，看到別人爭取自由會覺得是鬧事，但是沒有想到如果沒有人爭取權益，我們到現在還在裹小腳，還需要跪拜皇帝，財產隨時會被收走。想一想，衝突與爭取往往一體兩面，吵鬧與抗爭真的不好嗎？

我們應該回歸煞星當時被設計出來的本質來看待，煞星的力量可以破壞環境（宮位）、可以影響個人價值態度（主星）。因為整張命盤是利用宮位與主星作為主要結構組織，就像一間公司會有一定的組織架構跟方向，煞星可以當成影響公司的經營環境以及公司主管的個性特質，所以我們需要看這個煞星是從什麼地方來的。例如流年產生的擎羊星，流年代表了外在環境，產生的影響來自於外在環境。

又如流年夫妻宮出現一個流年擎羊，感情出現問題是因為外界環境所產生。這個外界環境所產生的擎羊，如果出現在流年夫妻宮，代表自己在這個流年受到外界環境影響，對於感情會有些衝動的態度，這個態度可能造成原有的感情產生變化，也可能原本沒有感情而因此衝動地追求一段感情，但衝動就是衝動，擎羊是一種固執的衝動、堅持的力量，如同七殺，只是他更為情緒化，因為四煞星純粹來自於內心的情緒。

如果不是出現在流年夫妻宮，而是在夫妻宮的三方四正去影響自己的感情態度，那麼影響的力量又會不一樣，例如在官祿宮出現的擎羊，是因為工作上的問題產生影響；遷移宮出現擎羊，是因為內心有不同想法產生的問題；福德宮當然是指精神狀況。利用各種不同宮位涵義對夫妻宮產生影響，了解感情上的問題（「問題」兩個字是中性的，不一定表示不好）來自哪裡，這樣的邏輯才是正確的斗數解盤方式，許多書籍單純用口訣讓大家背誦什麼煞沖、忌沖，這類方式往往最後只是讓學習的人愈學愈混亂，甚至連許多老師自己都很混亂，突然失去紫微斗數理性而具有細膩結構的解盤方式。這一段我在《紫微攻略1》亦有詳細解說。

而對星曜來說，煞星也會影響星曜。怎麼影響呢？

星曜在命盤宮位上，依照不同的命盤及宮位，產生不同的涵義，例如本命盤財帛宮說的是理財能力跟用錢觀念，運限盤中大限代表現象跟觀念，所以大限財帛宮可以說是理財觀念造成財務狀況，流年則是外在環境對自己的影響，所以流年財帛宮是因為外界環境造成這個流年的財務狀況，能力那個部分就被降低了。對應星曜的解釋，本命財帛宮有武曲星，因為本命是價值態度跟能力，所以解釋成願意努力賺錢的態度以及不錯的財務能力。流年財帛宮坐武曲，表示今年外界環境讓自己有努力賺錢的機會，這時候如果武曲化祿，就可以說有努力賺錢的機會而且能賺到錢。至於能不能存到錢，要看財庫的子女宮跟田宅宮。這樣一步一步解釋推論出來，並且依照各命盤跟各宮位的涵義，去取用星曜具備的涵義。在這樣的架構下再加上煞星，去解釋煞星對星曜的影響，以及這個影響對宮位產生的變化。

圖四十二／

武曲在財帛宮星曜解釋取用法

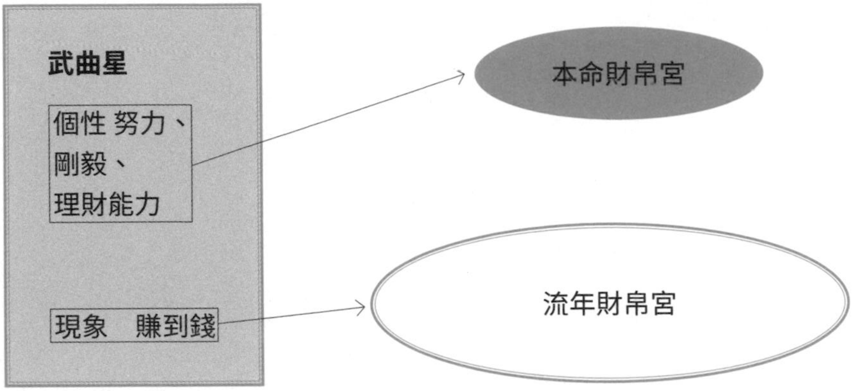

以擎羊星來說，擎羊古代是引用中亞遊牧民族的羊角刀，代表堅強而剛毅的情感特質，果決且大刀闊斧。這樣的特質放在前面說的武曲星上，本命來說有賺錢能力且願意努力，可以果決地做出決定且大刀闊斧，在理財判斷方面，再加上前面說到的每個武曲星曜組合解釋，例如「武曲、天府」同宮，有理財能力又有計畫，加上擎羊的大刀闊斧，這樣只缺運限出現四化來幫助了，但是也可以說他在理財上會有衝動的個性，所以如果運限不能幫助，當然可能出現因為衝動而做出錯誤財務決定。但是因為天府的謀略、計畫能力，所以擎羊的衝動就會沒有那麼大的影響力，畢竟有計畫、有謀略的衝動跟傻傻的衝動不一樣。誰會傻傻的？「武曲、七殺」這一組，本來就是憑著熱情跟信念在努力，加上擎羊的熱情信念勇猛爆發，他不傻還有誰會傻？然後這樣的特質影響宮位。如果沒有主星呢？這時候就是煞星直接影響宮位了，通常只用自己的感性跟情緒去面對環境，通常就是不太好，所以其實只有在這個時候，煞星才可以直接當成煞星破壞環境來看待。

這樣的推演邏輯才是面對煞星真正的情況，回歸煞星的特質才能夠找到真正的涵義，才不會浪費了有時候煞星反而是可以幫助我們的力量。例如相對應擎羊是果決的大刀，陀羅星就是永不放棄的堅持，不甘心不放手更加不想走，這當然是一種讓人討厭跟不舒服的心情，但是如果大限夫妻宮有陀羅，整個大限對於自己的感情就是不願意放棄的心態，在流年遇到夫妻宮很難面對離婚的情況，卻因為大限的不甘心不放手撐過婚姻危機，下個流年如果轉好，豈不是一個好的重新開始嗎？所以我們必須以煞星的本質去看待。

一 擎羊星 豪邁果決的大刀

擎羊來自於遊牧民族的羊角刀，以此代表擎羊星具備的特質是果決而豪邁的態度，對於所在宮位的影響是果決的態度，這種態度跟奔放的情感展現，影響著主星，因此影響宮位所代表的涵義。當擎羊在命宮，命宮統管十二宮，所以這個人通常會在各種事情上非常有意志力跟果決，除了感情，因為此時夫妻宮會有陀羅星。在本命盤的六親宮位上，說的都是對於親屬關係的態度，但是因為華人重視以和為貴的態度與親友關係，所以擎羊在六親宮位通常被說得不太好，其實是因為他敢愛敢恨，可以很快跟你建立關係，也可以很快就斷掉，這也是擎羊在運限夫妻宮可能會閃婚的原因。

在官祿宮、財帛宮其實不見得不好，因為擎羊的力量會是我們人生的動力，只是如果主星已經走很衝動的路線，就不適合再補上這樣衝動的煞星去推動了。

二 ● ○ 陀羅星 不甘心不放手的業障

陀羅星來自佛經裡面「萬般帶不走，唯有業隨身」的業障觀念，如同前面說到本命盤的煞星，如果說的是我們的情感情緒問題，對應佛經說的業障觀念，其實往來自我們的問題，一生放不下的問題當然糾纏著我們，因此陀羅星在本命盤上所在宮位，通常是我們一生放不下的宮位。在六親宮位表示我們對於六親宮位所代表的人與情感，永遠無法割捨與放棄，而通常只有自己不放手，人家才能永遠傷害你，陀羅星的傷害來自於此，再看主星是什麼，以此去推論，例如夫妻宮內桃花旺盛且情感黏膩的「天機、太陰」，搭配上陀羅星，表示「天機、太陰」不想傷害人，但是又不能對感情一成不變的態度，讓他糾纏而放不下、放不開，這是他一生需要處理的功課。

如果在屬於自己的宮位，則表示自己對於相關宮位的堅持，但是這樣的堅持具有情感成分，因為本命盤的煞星傷害來自情感層面，所以是自己對於某些事情的堅持與感情糾纏，例如「紫微、天相」在官祿宮遇到陀羅，本來「紫微、天相」對宮破軍，因為自己的能力與態度，跟希望人生有所突破的個性，如果運限走到適合時機，會有創業機會，但是加上了陀羅星，對於自己「紫微、天相」那種重視名聲的個性，會有無謂的堅持，所以是否創業可能就無法拿出破軍的能量奮力一搏。但是若將這樣莫名的堅持用在鑽研各項專業技術上卻非常好，我們可以發現許多專業能力的擁有者，都會有我們所無法想像的莫名堅持。這就是陀羅星的特質，不放手可能是傷害，但也是一種機會，端看是哪個主星搭配，以及在哪個宮位。

三 ●○ 火星

熱情而焚身的火

火星有時出現的特徵跟擎羊很像，但是其實不太一樣，差別在於雖然看起來都很衝動，但真正衝動的是火星。火星如同字面，像一團大火，燒起來很快，卻可以很快熄火。擎羊其實是經過思考才展現出來的果決，從什麼地方可以看出來呢？火星在財帛宮時，花錢跟燒紙錢一樣，如果是天機、天梁星，錢會花在投資且是風險投資上，並且大火燃燒愈旺愈好。如果是「太陰、天同」則花在吃喝享受上，但無論哪一種，都是一種衝動行為，感覺對了就花。如果是擎羊，則會經過思考，所以比較固執，也就是說火星是一種情緒，當情緒過去了，緩一緩就會消失，擎羊卻在衝動之後還有堅持，因為衝動是我們說的，他覺得自己是深思熟慮後的擇善固執。

當然，這沒有好壞，固執往往導致災難來了旁人無法救，但畢竟他是想過的。

雖然只要有人制止，讓大火燒過，火星就會馬上恢復冷靜清醒，但是如果沒有人拉呢？所以其實誰比較好，還是要看在哪一個宮位，對應哪一個主星，例如對應貪狼星，會形成貪狼星的好格局「火貪格」，就是因為慾望被火燒起，奔放而出。如果搭配上化祿，當然就會有賺錢的機會，甚至賺錢的能力，這也是說火貪是「速發」的原因，但是需要注意運限問題，否則可能速敗，畢竟那是來自一時之間的運氣或爆發力。對應在六親宮位，火星通常表示熱情，情感關係如一把火，只是來得快去得快，好的時候熱烈，壞的時候焚身。

四 ●○ 鈴星 精細分解的外科手術刀

四煞星有個特質，他們其實兩兩對星，擎羊跟陀羅，一個豪邁果決、一個糾結躊躇。火星跟鈴星，一個熱情、一個冷靜。相對於豪邁的擎羊，冷靜的鈴星像是一把外科手術用的刀，鋒利而專業，下刀需要經過精密分析，所以鈴星代表我們冷靜的情緒，可以說他是心機跟陰狠，也可以說他是冷靜跟沉穩。因此，那些衝衝衝的星曜就很適合搭配鈴星，例如害怕擎羊跟火星讓自己衝太快的七殺，配上零星就增加冷靜沉穩。或是受到陀羅影響而失去大開大合的特質，反而裡外不是的破軍，如果換上鈴星，其實都會相當不錯。

然而，這樣說來聽起來不錯的煞星，如果出現在六親宮位，坦白說就會有點算計過頭，無論是你對他還是他對你，搭配上心思細膩的星曜，如天機、太陰，也會有想太多的問題。所以鈴星通常比較適合在屬於自己的那些宮位，並且放在較衝動的主星旁，讓他可以冷靜一點。例如貪狼星加上鈴星變成「鈴貪格」，也是這個原因，因為讓貪狼的桃花不會到處亂放，可以讓貪狼的桃花有計畫的應用。又或者跟「廉貞、七殺」放在一起，雖然廉貞化忌有可能把自己高超的能力拿出來做壞事，但是加上鈴星應該可以做得更好，不容易被發現跟抓到。

四煞星總結與練習

煞星除了空宮，自己一個煞星的時候是直接對宮位產生破壞，宮位出現問題了，所以我們對應那個宮位的解釋，就可以說成那個宮位出問題。如果煞星是一種原始情緒的表現，或許我們可以把煞星當成小孩子看待，小孩子的情緒是直接的，宮位內有主星存在，就像有個大人可以管控，雖然有時大人太弱，也會受小孩的影響，如果空宮就變成不受控管的小孩，直接對宮位產生損害，在哪一個宮就是那個宮位所代表的意思因為情緒而受到破壞，例如火星在財帛宮，亂花錢就跟燒紙錢一樣；陀羅在夫妻宮，感情總是糾結不清；擎羊在官祿宮，一不高興就換工作；鈴星在僕役宮，總是算計朋友也受朋友算計，傷害總是互相的嘛！有了主星控管，就看是否可以管住他，或者也是彼此傷害，這個過程其實是彼此影響的變化，所以解盤的時候一定要先解釋主星，再想想煞星怎麼影響他，否則就會一片混亂。

例如，「紫微、破軍」在命宮的人，本來在紫微遇到三方四正有吉星的合理情況下，應該會對人生很有想法，並且希望可以做些不一樣的事，但是加上陀羅，就會讓這個夢想空想很久，而且又不像鈴星是有計畫性地規劃，而是情緒上的躊躇不展，或許在躊躇過程中，也會做些細節上的策劃。但通常是讓本來可以大開大合、創造人生的「紫微、破軍」，少了奔放的能量。所以，解釋煞星的時候，應該先想想這個主星在這個宮位表示什麼，如果有了不一樣的心情，他會如何決定。用這樣推論的方式去想煞星，才可以分別出煞星到底是幫我們還是害我們，才不會在他幫忙我們的時候誤會了他。

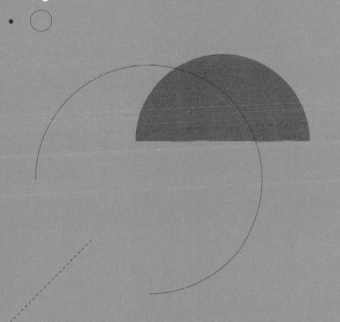

眾所矚目番外篇

空劫星——

一直被名字耽誤的吉星

一、空劫星的基本由來跟原理，以及謬誤

空劫星其實是兩顆星曜：地空、地劫。這兩顆是一組對星，但是古書上面卻是用天空、地劫的名稱，只是近代因為增加了其他術數上的天空星，為了區分，所以把這兩顆星改為地空、地劫。這是許多人會產生的誤會，甚至連許多寫書的老師自己都搞錯。再來，雖然空劫星用的是「星」這個字，但是其實跟我們前面說的星都不一樣，前面說到的是星曜會在宮位中產生態度跟能力，跟宮位彼此影響，然後產生對整個命盤的影響。空劫星則不是這樣的概念。這要說到紫微斗數在起源過程中分成兩個主要的大系統，一個是專門討論星曜，例如武曲星遇到擎羊，無論在哪個宮位都會有破財的問題。一個是專門討論宮位，依照宮位所在位置推算，例如命宮在子位，夫妻宮跟命宮成為隔角煞，這個人的感情就會不穩定。或者是煞星在三

方四正對於宮位產生破壞，就像環境被破壞了，再厲害的人也沒辦法抗衡，這也是《紫微攻略1》的主要結構技巧，《紫微攻略1》的讀者一定都熟知，但是這樣的推算方式其實有疏失，好處是快速、缺點是細膩度不夠，所以才會在數百年前逐步整合成目前紫微斗數的完整體系，並且在不斷進步中。但是在過程中，因為不了解歷史，所以讓後面的老師讀書時對文字產生誤解，空劫星就是最好的例子。

圖四十三／
宮位隔角煞範例

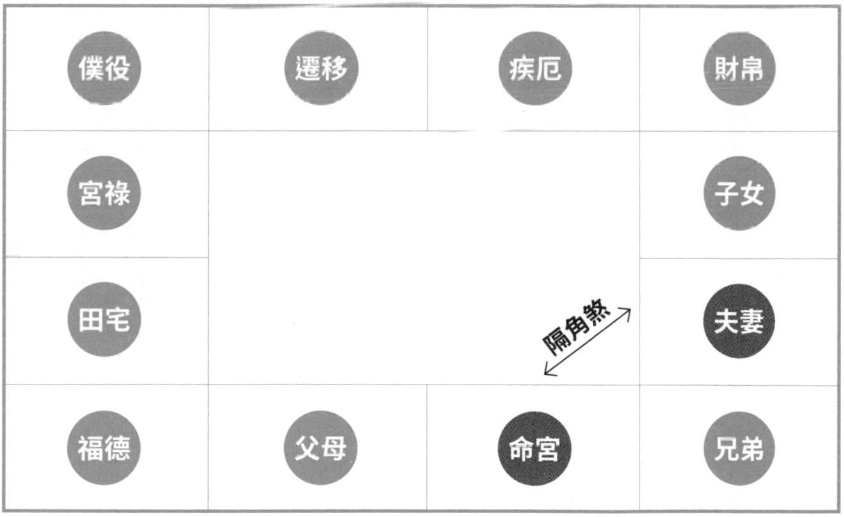

大樹在平地上與大樹在孤島上

空劫星來自於宮位體系的系統，所以真正影響的是宮位，本身並不像其他輔星直接對主星產生影響，並不會像擎羊、火星直接對主星有化學變化，因為是對宮位產生影響，而宮位變動了，所以星曜裡面的影響受到影響而變化。說得更直接一點，空劫星是對空位產生空掉的力量，讓宮位失去力量，所以星曜無法相對應於宮位去產生影響力。

宮位是環境，星曜是人在這個環境裡的態度，依照這個基本邏輯建構出紫微斗數這個命理體系，如果空位沒有力量呢？根本沒有這個環境呢？就像一棵大樹可以供人乘涼，但是如果大樹在一座孤島上，四面環海，大家根本沒有辦法過去乘涼，那我們還能說大樹可以乘涼嗎？大樹還算有乘涼的功能嗎？其實我們還是可以說大樹有乘涼的功能，只是因為環境的關係用不到而已。這就是空劫的基本觀念。

空劫星讓宮位無法產生力量，所以在宮位內的星曜無法發揮正常影響力，但是你不能說他不存在，我們眼前所見還是一棵大樹，只是無法走到大樹下乘涼。這就是斗數讓人讚歎的地方，透過這些理論結構去建構出非常貼近真實人生的千變萬化，人生中我們是否會有這樣的情況呢？例如老公帥氣溫柔，卻長年在國外，帥氣跟溫柔只能出現在臉書上，讓朋友羨慕，或許偶爾可以給一點訊息，卻實際無法在身邊展現他的貼心。帥氣溫柔當然還是存在，卻無法對妳產生力量。又或者，爸爸是個會家暴的渣男，但是因為他長年逃債，常常不回家，所以雖然會家暴但是機會不高。那棵無法乘涼的大樹，也可能是強烈颱風，但是因為都在海上沒有經過陸地，所以根本不會對陸地產生傷害。

從這個角度來說，空劫的「空」跟「劫」讓人產生莫大的害怕，但他卻是個被名字耽誤的吉星。許多老師錯誤解釋，造成人們對他的恐慌，然而他是個可以真正讓煞星消失力量的吉星，這也是為何我從不把地空地劫與四煞放在一起稱為六煞星的原因。或許你會說那棵大樹無法乘涼了怎麼辦？看過《紫微攻略 1》的讀者就知道，命盤一排，其實煞星滿天飛，人生的災難往往超過幸運，所以依照機率來說，你覺得空劫讓宮位無法產生力量空掉煞星的機會多？還是空掉吉星的機會多呢？

依照比例來說，空劫星絕對是我們人生的好朋友。

在這樣的基本觀念下，常常也會有人誤解，如夫妻宮遇到空劫星，是不是說夫妻宮沒有了？是不是就沒有老公了？其實這是因為落入了思考邏輯上的幾個盲點：

第一　夫妻宮代表的是感情態度，不是你老公、不是一個人。

第二　每個宮位其實都要看三方四正，所以一個宮位不產生力量，不表示命盤上所代表的事情不存在。

第三　宮位代表的是環境，否則如果空的是父母宮，難道你媽媽是處女懷孕生下你嗎？或者你是從石頭蹦出來的，跟孫悟空是兄弟？

因為有這樣的誤解，就會產生許多對空劫星奇奇怪怪的解釋，例如在命宮的頭殼空空（沒有想法，很笨的意思），也有的說這種人會有很多想法，天啊！到底是很笨還是很多想法？其實是因為他們沒有考慮空劫是讓宮位沒有力量，如果是天機星在裡面，本來該聰明卻無法發揮力量，就笨了啊！如果三方四正遇到的星曜都是聰明且想法多的，一個宮位不能產生力量，其他宮位的影響力就會增加，當然就變成想法很多。因為對空劫原理的不了解，所以產生各類奇怪解釋，甚至有些老師說空劫星所在位置是要求神拜佛彌補的業障，各式各樣因為自身學理不足、穿鑿附會解釋出來的理由，也是讓人看不起命理界的原因之一。或許你說你有兩三個朋友婚姻不幸福離婚，夫妻宮都有空劫。你知道很多沒有空劫的也離婚嗎？臺灣離婚機率高達五成，這樣的說法其實跟抽籤碰運氣是差不多的。

二 空劫星的實務應用

空劫星讓宮位沒有辦法產生力量，因此影響星曜跟命盤，實際上的運用又是怎麼影響呢？如前面提到的，宮位的意義要對照的是哪一個命盤的宮位，本命盤討論的是個性跟價值，就像我們反覆提到的概念。但空劫星還有一個用法，是「終將一無所有」這個說法，看到這裡，我想大家應該又緊張起來了吧！

其實所謂「終將一無所有」，「終將」這兩個字代表了時間的概念：最後會沒有。這背後代表著一段時間，因此這個情況只會出現在運限盤。當然我們也可以說本命盤代表一生，所以本命盤可以用一生最後一無所有來看待。但是，人生前二十年，絕大多數的人根本也是一無所有，人生最後十年也是如此，畢竟生不帶來死不帶去，所以所謂終將一無所有的情況，在本命盤上除非是人生走到盡頭，否則其實很難有感覺，但是在運限盤上卻相當明顯，因為運限盤上代表的是這個宮位在這段時間內表示的意思，無論是價值概念還是因此發生的現象，因為這種情況影響自己的整張命盤跟這段時間內的人生，這個宮位無法發揮力量，當然說的就是這個時間內本來該發生的事，對我們的人生無法產生影響了。

所以空劫星在不同的盤上，其實會依照不同命盤的含意而有不同的影響，在這樣的基礎下，本書主要還是談本命盤，我們來看看本命盤對應空劫星的基本應用，還是要用雖然具備著，但是沒有環境發揮的觀念來看待，而且空劫星還有不同組合，有不同的影響方式。空劫星有同宮、對拱、拱、夾這些組合方式（圖四十四）。

圖四十四／

地空地劫，同宮

地空地劫，對拱

圖四十四／

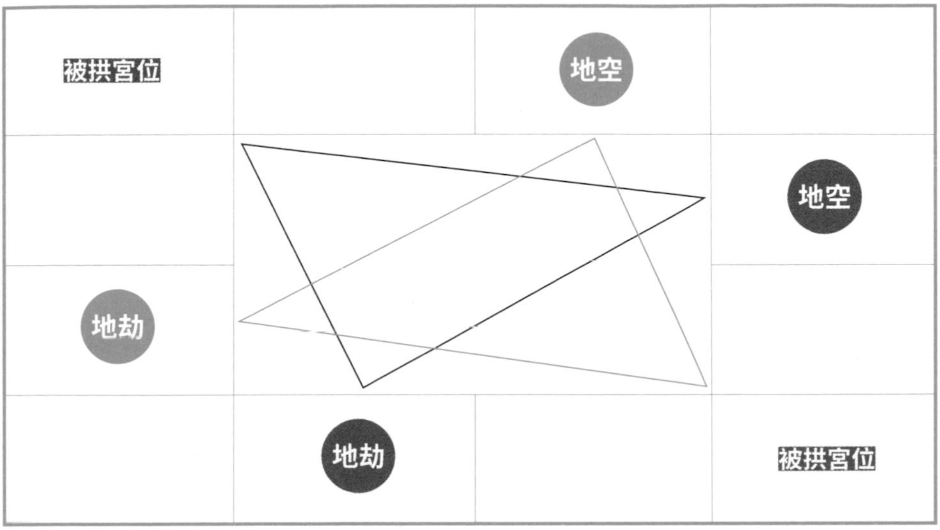

地空地劫，拱

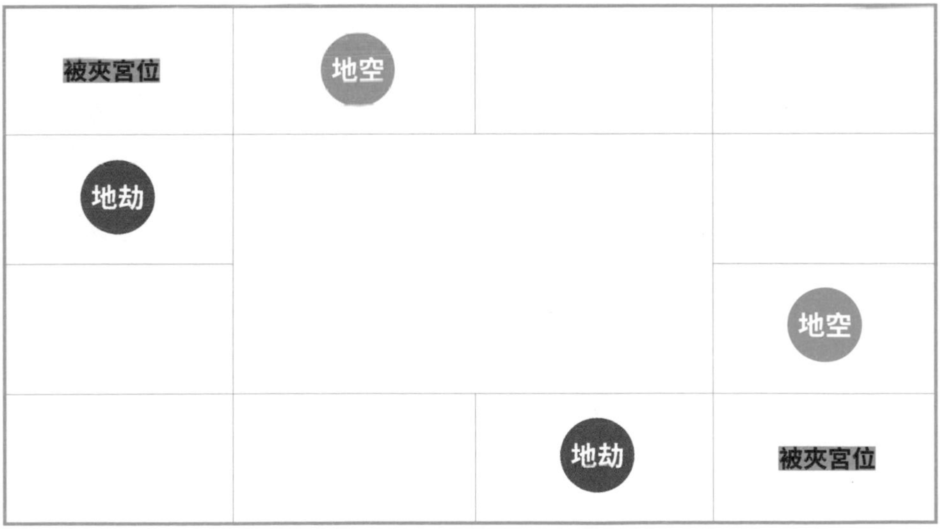

地空地劫，夾

1. 同宮

我們延續前述「終將一無所有」的時間概念繼續舉例。例如，有人大限官祿宮太陽、對宮巨門，太陽化權，可能有在工作上掌權甚至創業的機會，但是地空、地劫同宮在大限官祿宮，影響著他大限官祿宮的太陽化權，這是表示他會因此無法掌權或創業嗎？其實，依照大限時間來看待官祿宮，那是那個十年工作對他人生的影響，並且往後影響他的後面十年，所以只能說是他這十年的官祿宮太陽化權，這件事情最後其實會回歸平淡，可能失去權力或是創業收攤，仍要看其他條件的影響，不表示他不會因此創業或掌權。只是這十年過去之後權力消失，無法繼續影響後面十年。這是終將一無所有的真正涵義：並非完全沒有。

同宮的這個組合，**整個宮位力量被空掉，其實是說必須依靠三方四正其他宮位的力量幫忙**。原本宮位內的那個星曜只是擺在那裡，好看的成分居高，很像是商品請來的代言人，似乎那個明星是吃了這個食品才變瘦變美，但是你真的相信嗎？不，他本來就是瘦又美的。但是除了這個之外，其實其他組合並非單純這樣解釋。

這也是《紫微攻略》系列無論哪一集都一直強調宮位、強調三方四正的原因，因為每個宮位都是彼此連動的，如這次提到的福德宮影響著命宮，更別說每個宮位所屬的三方四正宮位，是建構這個宮位的基本架構，所以任何宮位都需要看三方四正造成的影響，並且依照三方四正宮位的含意去解釋所產生出來的影響力量在哪裡、是哪一類的。這是紫微斗數引用西方占星學中最重要的一環技術，但是現在卻常常被忽略。因此，其他空劫星的組合，我們需要依照三方四正去看他對主宮位產生的影響能力，以及對宮位造成如何的破壞。

2. 對拱

以對拱來說，因為本宮與對宮是最密切的聯繫，彼此互為表裡，是對方的內心也是外在表現，所以關係最密切。當兩個宮位都遇到空劫星，空劫星只有一顆，其實並不能說是整個宮位都被破壞了，只能說宮位的環境力量被降低，但是這時候是兩個對拱的宮位力量各自被降低了一點，原本如果一個宮位遇到地空、地劫兩顆星同宮，整個宮位都失去力量，至少還有對宮可以馬上支援，但這時候是各自都失去一部分力量，所以可以說是這兩個宮位其實都失去了力量，主要就要靠三方四正另外兩個拱的宮位去增加影響。

3. 拱

如果三方四正內是拱的位置遇到空劫星，例如財帛宮有地空，官祿宮有地劫，這樣當然財帛宮、官祿宮都會受到影響，但其實真正受到影響的是命宮，想想看有一個人，工作能力發揮不出來，理財能力不如自己預期，他會不會覺得自己命宮真正想發揮的力量無法發揮呢？例如有人官祿宮有擎羊，但是遇到地空，雖然工作拚命又衝動，但是沒什麼機會衝動，財帛宮遇到武曲化忌，照理說應該很喜歡努力賺錢，但是遇到地劫，即便想拚命也沒什麼機會，這時命宮的那個紫微星可能就無法發揮力量了。這個組合只要出現一個運限的陀羅在命宮，就會形成羊陀夾忌，簡單來說運勢不太好，但是這個原因來自於，工作上想拚命，財帛上想努力，而且是瘋狂的努力，再加上命宮那個陀羅影響紫微星，讓皇帝裹足不前，躊躇不定，胡思亂想，通常這樣反而讓自己變成左支右絀，最後為了愛面子做出錯誤的決定。

但是這時因為有空劫，想衝動沒機會，想賺錢也沒機會，皇帝就慢慢躊躇吧！陀羅怎麼亂想跟糾纏也不太會出事，所以如果是拱的位置，其實真正影響的主要宮位不是拱的那兩個位置，而影響的原因是因為拱的兩個宮位，所各自代表的宮位含意去影響主要宮位。

4. 夾

地空、地劫夾的其實也是一樣，這樣的觀念在《紫微攻略1》中提到許多次，因為宮位彼此含意給與的互相影響。這也是一個重要的觀念跟技巧，許多斗數書籍甚至可以說都只談到「拱」、「沖」、「夾」這樣的字眼，卻不重視這是宮位之間的彼此影響，解釋出來往往失之毫釐差之千里，也失去了紫微斗數最有趣、最迷人的地方。

所以如果有人祿存在命宮，其實被地空、地劫夾反而是好的，因為這時候原本的父母跟兄弟宮剛好有擎羊跟陀羅，原本父母無法給與照顧，還會補上一些問題，加上空劫讓問題沒有機會發生，反而少了問題。用這樣的觀念來看空劫星，就可以發現其實他真的滿好的，根本是人生命盤上的吉星，有時候失去反而是好的事情，只是我們往往忘記看到失去之後自己擁有的部分。

紫微攻略 3

星曜 我們與真實自己的距離（下集）

史上最強星曜解盤！對宮為明鏡，透視深層人性

作者—— 大耕老師
美術設計—— 張巖
主編—— 楊淑媚
校對—— 林雅茹、秦立帆、王嘉麟、鍾家姍、周宜萱、沈佳妤、孫國寧、
陳文杰、吳柏憲、邱鈺筑、林碧香、連玉瑩、楊淑媚
行銷企劃—— 許文薰

總編輯—— 梁芳春
董事長—— 趙政岷
出版者—— 時報文化出版企業股份有限公司
108019 台北市和平西路三段二四〇號七樓
發行專線——（02）2306-6842
讀者服務專線——0800-231-705、（02）2304-7103
讀者服務傳真——（02）2304-6858
郵撥——19344724 時報文化出版公司
信箱——10899 臺北華江橋郵局第 99 信箱
時報悅讀網——http://www.readingtimes.com.tw
電子郵件信箱——yoho@readingtimes.com.tw
法律顧問—— 理律法律事務所　陳長文律師、李念祖律師
印刷—— 勁達印刷有限公司司
初版一刷—— 2019 年 12 月 20 日
初版十二刷—— 2024 年 3 月 26 日
定價—— 新台幣 460 元

時報文化出版公司成立於一九七五年，並於一九九九年股票上櫃公開發行，
於二〇〇八年脫離中時集團非屬旺中，以「尊重智慧與創意的文化事業」為信念。

紫微攻略 3: 星曜 / 大耕老師作 .-- 初版 .-- 臺北市 : 時報文化 ,
2019.12 冊 ;　公分
ISBN 978-957-13-8060-5(下冊 : 平裝)
1. 紫微斗數

293.11　　108020981

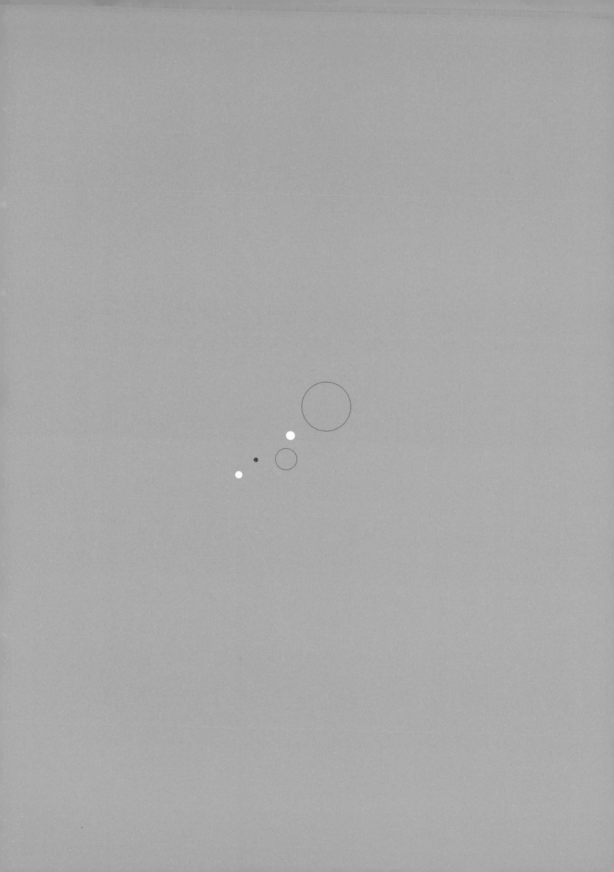